Eduardo Bettini

Série Treinamento Policial

LANTERNA TÁTICA

Atividade Policial em Situações de Baixa Visibilidade

CB126085

CIP-BRASIL. CATALOGAÇÃO NA PUBLICAÇÃO
SINDICATO NACIONAL DOS EDITORES DE LIVROS, RJ

B466L
2. ed.

Bettini, Eduardo
Lanterna tática : atividade policial em situações de baixa visibilidade / Eduardo Bettini. - 2. ed. - São Paulo : Ícone, 2021.
168 p. ; 23 cm.

Inclui índice
ISBN 9786586179088

1. Policiais - Treinamento - Brasil. 2. Policiais - Equipamento e acessórios. 3. Policiais - Psicologia. I. Título.

21-72021 CDD: 363.20981
CDU: 351.741(81)

Camila Donis Hartmann - Bibliotecária - CRB-7/6472

14/07/2021 14/07/2021

Eduardo Bettini

Série Treinamento Policial

LANTERNA TÁTICA

Atividade Policial em Situações de Baixa Visibilidade

2ª edição

Brasília/DF
2021

© Copyright 2021
Ícone Editora Ltda.

Capa
Patricia Gomiero

Diagramação
Patricia Gomiero

Proibida a reprodução total ou parcial desta obra, de qualquer forma ou meio eletrônico, mecânico, inclusive através de processos xerográficos, sem permissão do editor (Lei nº 9.610/98).

Ícone editora

Todos os direitos reservados pela
ÍCONE EDITORA LTDA.
Rua Javaés, 589 – Bom Retiro
CEP: 01130-010 – São Paulo/SP
Fone/Fax: (11) 3392-7771
www.iconeeditora.com.br
iconevendas@iconeeditora.com.br

Agradeço a Deus, à minha família e ao amigo Rodrigo Ferreira

"*Si vis pacem para bellum*".

bettini.emb@gmail.com

Colaboradores: Haroldo Victoriano Bunn
Carlos Eduardo Santos Cadu
Felipe Arlota Freitas
Sérgio Tarta
Bruno Carvalho

Tudo tem a sua ocasião própria, e há tempo para todo propósito debaixo do céu.

Eclesiastes 3:1

Autor

EDUARDO BETTINI é Agente de Polícia Federal, Engenheiro Agrônomo, licenciado em Biologia, Bacharel em Direito pela Faculdade Processus - Brasília/DF, Mestre em Química do Solo pela Universidade Estadual de Maringá/PR e Doutorando em Ciências Florestais Tropicais pelo INPA - Manaus/AM.

Atualmente, lotado na Delegacia da Polícia Federal de Maringá, atuou como Coordenador-Geral de Fronteiras da Secretaria de Operações Integradas (SEOPI), do Ministério da Justiça e Segurança Pública, de janeiro de 2019 a setembro de 2020. Chefiou a equipe de Operadores Aerotáticos da CAOP - Coordenação de Aviação Operacional), em Brasília, Distrito Federal. Iniciou sua carreira policial na Delegacia da Polícia Federal de Corumbá, no Mato Grosso do Sul, atuando na área de entorpecentes entre os anos de 2001 a 2004. Atuou no combate ao crime organizado e em operações de inteligência. De 2004 a 2010 foi lotado no COT (Comando de Operações Táticas), onde integrou o grupo de atiradores de precisão. É instrutor de tiro e defesa pessoal da Academia Nacional de Polícia; Tiro Tático; Armamento e Munição; Imobilizações Táticas; Tecnologias de Menor Potencial Ofensivo e Controle de Distúrbio Civil na Força Nacional de Segurança Pública; instrutor de Uso Diferenciado da Força e de Patrulha da Secretaria Nacional de Segurança Pública e de Combate Corpo a Corpo no Bope/PMERJ.

Realizou vários cursos na área de segurança pública, entre eles o Curso de Formação de Agente de Polícia Federal (ANP), Curso de Operações Táticas (COT/DPF), Curso de Capacitação em Técnicas e Meios Especiais para Estrangeiros (GEO/Espanha), Estágio Básico do Combatente de Montanha (EBCM/Exército Brasileiro), Curso de Operações Especiais Policiais – Coesp (Bobe/PMERJ), Curso Expedito de Mergulho Autônomo – CExpMAUT (Marinha do Brasil), Curso de Atirador de Precisão (COT/ANP), Curso de Instrutor de Armamento e Tiro (ANP), Curso de Instrutor de Defesa Pessoal (ANP), Curso de Análise de Evidências Digitais (Serviço Secreto dos EUA – USSS) e programa de treinamento com o grupo GSG9, da Polícia Federal da Alemanha.

Atuou em diversas operações de vulto nacional, como Anaconda, Farol da Colina, Têmis, Carro Forte, Cia do Extermínio, Contranicot, Cheque-Mate,

Poeira no Asfalto, Águia, Pista Livre, Terra Nostra, Caronte, Curupira, Cevada, Cavalo de Aço, Upatakon, Trojan, TNT, Pacificação do Complexo do Alemão, Pacificação do Complexo do São Carlos e operação Guilhotina, entre outras. Participou na segurança de diversos eventos internacionais, como a Cúpula das Américas, Cúpula Aspa, Mercosul, Jogos Pan-americanos, entre outros. Trabalhou na segurança de presidentes estrangeiros em visita ao país (China, EUA, Alemanha, Rússia, Israel, Arábia Saudita, Egito, Jordânia, Líbano, Marrocos, Síria, Argélia, Chile, Colômbia, Argentina, Uruguai, Paraguai, Equador, Venezuela, Peru, Bolívia).

Apresentação

O desempenho da atividade policial envolve uma série de ramos do conhecimento, entrelaçados uns aos outros em uma relação de interdependência. Por conta disso, o treinamento policial é uma das mais desafiadoras e complexas empreitadas, para as quais acabei dedicando grande parte das minhas experiências profissionais. Parte dessa experiência está sintetizada neste livro. Portanto, para além da questão concernente ao uso do instrumento "lanterna tática", a obra trata de questões gerais, atinentes ao treinamento policial, seus princípios e suas peculiaridades. Coloca à disposição do leitor algumas experiências práticas, com o simples objetivo de tornar mais fácil o caminho rumo ao aprendizado. É possível sim aprender com os erros dos outros. Mais que isso, é aconselhável não só aprender com os erros alheios, como também repetir o que tem dado certo.

A obra *Lanterna Tática – atividade policial em situações de baixa visibilidade* inicia trazendo à baila a problemática dos conflitos policiais, evidenciando que existe grande probabilidade de que os eventos com resultado morte envolvendo policiais ocorram em situações de baixa visibilidade. Isso é curiosamente contrário ao que se observa nas academias, onde pouco ou nenhum tempo é reservado para o treinamento em baixa visibilidade. Na sequência, trata do treinamento em tais condições, apresentando uma metodologia simples e consistente. Explica, sistematicamente, a origem das principais técnicas de tiro com lanterna, assim como as condições nas quais tais técnicas podem ou devem ser empregadas. Expõe, com clareza, os dez princípios do combate em baixa visibilidade, buscando fornecer uma doutrina coesa sobre o tema. Finalmente, aborda a questão da visão em baixa visibilidade, assim como aspectos psicológicos que podem levar o policial a cometer algum erro quando em situações de baixa luminosidade. É a explicação técnica para o bom e velho "medo do escuro".

Esperamos, sinceramente, que o livro alcance seu objetivo, razão pela qual foi concebido: ser uma ferramenta no aprimoramento das técnicas de nossos policiais. Ademais, esperamos que a iniciativa venha provocar outros doutrinadores no campo das ciências policiais, incitando-os a colocar suas experiências e seu conhecimento no papel, fortalecendo uma doutrina policial nacional que possibilite o desenvolvimento técnico de nossas polícias.

O profissionalismo e a especialização, tão caros na busca pela adequação aos padrões de policiamento moderno, requerem que, cada vez mais, tenhamos um complexo de conhecimento disponível na forma de literatura. Para tanto, é crucial que entre as fileiras das instituições policiais haja mais leitores e mais escritores a dar força ao processo de consolidação de uma identidade doutrinária policial no Brasil.

Prefácio à primeira edição

Ao contrário do que ocorre nos EUA e na Europa, no Brasil existe uma carência enorme de literatura na área policial, principalmente aquela destinada a instrução de policiais em áreas específicas de atuação, ou de uso de aparelhos ou instrumentos que fazem parte do dia a dia daqueles que atuam na segurança pública de nosso país.

Para suprir essa lacuna, ninguém melhor do que Eduardo Bettini, um policial federal com larga experiência, principalmente em atuações de grupamentos de operações especiais, haja vista sua participação, por muitos anos, no Grupo de Operações Especiais da Polícia Federal.

Se não bastassem as lições aprendidas e as missões nas quais participou como policial pertencente a um grupo tático altamente preparado e especializado, apaixonado pela polícia, Bettini conseguiu o que poucos conseguem: se formar no COEsP, ministrado pelo Batalhão de Operações Policiais Especiais da Policia Militar do Rio de Janeiro, sendo, portanto, além de policial federal, um "caveira" do Bope. Ali, experimentou aquilo que somente os mais valentes são capazes de suportar. Foi levado a situações extremas de dor, fome, sede, sono, pânico, estresse, enfim, foi moldado para ser um "soldado" que poderá ser utilizado em qualquer situação de risco, em qualquer missão de alta complexidade.

Essa fusão de experiências (federal e estadual) faz de Bettini um dos policiais mais capacitados e preparados para o combate contra a criminalidade, principalmente a reconhecida como "organizada".

Para que a luta não seja desigual, isto é, para que a criminalidade não se coloque sempre um passo adiante de nossa polícia, a preparação e instrução das forças de segurança se faz necessária.

Para isso, Bettini se dispôs a colocar no papel sua experiência, a fim de trazer ao público o que de melhor existe sobre o tema por ele tratado neste livro: Lanterna Tática.

Somente aqueles que lidam, diariamente, com a atividade policial, que vivenciam as mais diversas situações, possuem autoridade suficiente para escrever sobre esse tema da maior relevância, e Bettini conseguiu, de maneira espetacular, esgotar o assunto, discorrendo desde o treinamento e o próprio combate em baixa visibilidade, onde são apresentadas lições fundamentais para a utilização da lanterna tática, passando pelo uso diferenciado da força e os dez princípios do combate em situações de baixa visibilidade, concluindo o trabalho com as técnicas mais adotadas para o uso da lanterna tática, bem como a psicologia do comportamento humano em condições de baixa visibilidade.

Enfim, trata-se de um trabalho completo, perfeito e indispensável ao aprendizado dos policiais que, durante o exercício de suas atividades, com toda certeza, aplicarão as lições nele contidas.

Da minha parte, só tenho a agradecer ao meu grande amigo Eduardo Bettini por ter tido o privilégio de conhecer, em primeira mão, este trabalho inigualável de pesquisa, conjugado com experiências profissionais de um policial que, acima de tudo, vivenciou situações de alto risco, como um guerreiro a serviço de nossa nação, em busca da pacificação social.

Com toda certeza, a obra, que agora é apresentada ao público, passará a fazer parte daquelas consideradas como de pesquisa obrigatória, sendo de fundamental importância as aplicações de suas lições pelas Academias de todo país, cujas missões principais são a de formar e atualizar as forças policiais para o combate à criminalidade.

Rogério Greco
Procurador de Justiça - Mestre em Ciências Penais pela UFMG
Doutor pela Universidade de Burgos (Espanha)

Prefácio à segunda edição

Talvez poucos leitores saibam, mas, inicialmente, o livro Lanterna Tática foi idealizado como sendo o primeiro volume de uma série denominada Treinamentos Táticos. A proposta do autor Eduardo Maia Bettini era de criar uma sequencia de livros cujo objetivo era disseminar técnicas da atividade policial.

Essa ideia demonstra o espírito do autor Bettini em transmitir o conhecimento que obteve ao longo da carreira como policial federal, nos mais exigentes cursos existentes para policiais, tanto no Brasil, quanto no exterior.

A vasta bagagem teórica e prática de Bettini se traduz em diversas obras que relatam operações reais como, por exemplo, A Retomada do Complexo do Alemão, Mamba Negra - O Combate ao Novo Cangaço, e COT - Charlie.Oscar.Tango.

Usando a definição do próprio Bettini, um operador especial é a pessoa capaz de transformar ambientes. E é exatamente isso que ele faz no livro Lanterna Tática. Para quem acredita se tratar apenas de um manual sobre como usar a lanterna junto com o armamento, está enganado. A obra agrega informações a respeito de combate em ambientes confinados, camuflagem, técnicas de treinamento, e dos fundamentos do combate em ambiente de baixa visibilidade.

Sem dúvidas, o livro Lanterna Tática é essencial para todos os operadores de segurança pública, ou, melhor, para todos aqueles que possuam ou portam armas e podem, eventualmente, estar diante de um confronto em ambientes de baixa visibilidade. Agora, relançado pela série Anotações Sobre a Doutrina Policial, todos possuem à sua disposição essa fonte de conhecimento que pode verdadeiramente ser o diferencial entre a vitória e a derrota.

Rodrigo Ferreira
Policial Civil do Distrito Federal
Autor da obra Aspectos Operacionais - Anotações Sobre a Doutrina Policial

Nota do autor

Cumpre-nos esclarecer ao leitor sobre a importância de preservarmos a identidade dos policiais que colaboraram com a realização da obra. Sobretudo daqueles cuja participação proporcionou a confecção das fotos ilustrativas. Por se tratarem de profissionais da ativa, consideramos de fundamental importância que se mantenham preservadas as suas identidades, seja por questão de segurança ou por conveniência do serviço. Atentamos ainda ao ilustre leitor sobre o fato de, em algumas fotos, utilizarmos policiais equipados com o uniforme tático completo, enquanto noutras apresentamos o policial em trajes civis. Decidimos por esta abordagem como forma de representar tanto os momentos em que o policial atua de maneira ostensiva, quanto nos momentos em que se encontra em trajes civis, de maneira descaracterizada.

SUMÁRIO

A Atividade Policial e a Baixa Visibilidade

"A injustiça que se faz a um é uma ameaça que se faz a todos".
(Montesquieau)

Uma das máximas repetidas insistentemente pelos instrutores da disciplina Sobrevivência Policial é que, a qualquer momento, você pode ser testado em tudo o que aprendeu em sua vida. No cotidiano da atividade de um policial, assim como em sua rotina diária, no desenvolvimento de suas atividades particulares, nem sempre é dado a esse profissional escolher as condições nas quais poderá vir a ser testado, apesar de todos os conhecimentos, habilidades e atitudes desenvolvidos ao longo de sua vida profissional. Ao policial, como aplicador da lei e agente executivo da aplicação da força pelo Estado, restam poucas alternativas no que tange à escolha de como e quando poderá ser compelido a utilizar todos os recursos que possui, seja do ponto de vista técnico, seja em relação aos instrumentos (equipamentos, armas e munições) de que dispõe para a execução do seu trabalho.

O objetivo deste livro é proporcionar a esses agentes da lei a obtenção de um conhecimento simples, porém que acreditamos de fundamental importância, em prol de sua sobrevivência e da atividade policial em geral. Procuramos restringir nosso espectro de análise ao emprego policial da lanterna tática.

O livro trata, em realidade, de um conjunto de técnicas que primam pela simplicidade. Buscamos valorizar as peculiaridades que caracterizam a atividade policial e as diversas situações em que ela se apresenta. O caso concreto, a ação por si só é que vai determinar o emprego ou não de determinada técnica. O uso da palavra "situação" não é acidental, é, antes disso, o reconhecimento da impossibilidade de tratarmos de um assunto prático, de maneira teórica, através de um livro. Fica, portanto, consignada nossa consciência da limitação deste trabalho, diante da complexidade do trabalho policial. Fazemos essa ressalva, ainda, em respeito aos policiais que atuam como "pontas de lança", para que não pense que julgamos ser a atividade policial algo previsível, cujas ações resultem de um raciocínio simplista, um "jogo de cartas marcadas" calcado em uma relação previsível de causa e efeito, porque, de fato, não o é.

É importante, como parte do processo de profissionalização policial, que cultivemos certo grau de autonomia nas ações policiais, englobadas aqui as desencadeadas em situações de baixa visibilidade. O leitor mais atento pode estar se perguntando: por que motivo o autor não utilizou o termo baixa luminosidade, preferindo baixa visibilidade? Fizemos isto por acreditarmos ser muito difícil definir o que é baixa luminosidade. Por questões fisiológicas e de adaptabilidade preferimos atrelar a obra a um conceito subjetivo (visibilidade) em detrimento de um conceito objetivo (luminosidade). Poderíamos incorrer em um risco óbvio ao definirmos, por exemplo, que baixa luminosidade ocorreria quando em um ambiente houvesse determinada quantidade "x" de lumens. Ou seja, estaríamos tomando como parâmetro uma questão fisiológica como, por exemplo, de adaptação do olho humano em situações de transição entre ambientes com maior intensidade luminosa e ambientes com "pouca luz" (baixa luminosidade). Acontece que podemos ter um ambiente com luminosidade "suficiente", mas que não proporcione visibilidade suficiente ao policial, a depender de vários fatores, como a quantidade de luz que havia no ambiente anterior e a transição de tempo para a adaptação. Portanto, nos parece mais sensato a troca do termo luminosidade por visibilidade.

Pedimos vênia para a utilização de alguns dados obtidos durante trabalho de pesquisa desenvolvido pelo setor de atiradores de precisão do COT[1], denominado "Sobrevivência Policial" e adotado como material didático pelo Setor de Armamento e Tiro (SAT) da Academia Nacional de Polícia (ANP), no qual foram analisados os seguintes documentos:

- Relatórios e pesquisas anuais do FBI de 1982 a 1998.
- Livros e periódicos policiais de grande circulação nos EUA.
- Publicações de autores mundialmente reconhecidos pelo conhecimento técnico da prática policial.

No trabalho em questão, chegou-se à conclusão de que dois em cada três policiais que se envolveram em combate que culminou com sua morte em serviço nos Estados Unidos de 1982 a 1998, combateram em situações de baixa luminosidade.

Analisando o relatório LEOKA (*Law Enforcement Officers Killed and Assaulted – FBI*) de 1997 a 2006, podemos observar claramente que esta tendência continua até os dias atuais. A grande concentração de policiais mortos e que sofreram uma "abordagem criminosa" (do inglês *assalted*) nos períodos

[1] Comando de Operacões Táticas da Polícia Federal.

noturnos, por si só, justifica nossa preocupação em trazer à baila o tema. No processo de criação de doutrina, na sua consolidação e no treinamento dispensado aos policiais, não raramente, nos vemos em situações onde precisamos responder questões, tais como:

1. Por que treinar em condições de Baixa Visibilidade?
2. Como treinar em tais condições?
3. O quê treinar?
4. Com que frequência?
5. Quais as técnicas mais eficazes?
6. Quais os procedimentos padrão adotados?
7. Qual o equipamento mais adequado?
8. Quais os princípios básicos de segurança?

Com vistas a munir os instrutores das disciplinas operacionais, assim como os operadores de segurança pública e agentes da lei com o conhecimento básico acerca do tema, responderemos cada uma das questões acima, separadamente. Lembramos que não é nossa pretensão esgotar o assunto. Tal tarefa tornar-se-ia impossível, haja vista que se trata de ramo em constante evolução e que depende, como citamos anteriormente, da doutrina, do conjunto de técnicas que cada instituição policial adota. Não se cuida, pois, de um envelope operacional restrito, de uma "receita de bolo", mas, ao contrário, de elementos de informação que auxiliem os agentes da lei na adoção e utilização da técnica mais adequada ao seu caso.

Neste material não estaremos discorrendo acerca do uso dos EVN's (Equipamentos de Visão Noturna) nem dos equipamentos termais ou infravermelhos. Nossa abordagem é exclusivamente quanto ao uso da lanterna, o equipamento mais utilizado e disponível, tratando-se, portanto, do mais "democrático" dos instrumentos a serem utilizados em situações de baixa visibilidade. Abordaremos temas como o momento correto para ser utilizada a lanterna, alguns cuidados que devemos tomar quanto ao uso indiscriminado deste equipamento e suas implicações. Muitas vezes se mostra mais importante que o policial saiba quando não deve utilizar a lanterna, ou quando deve fazê-lo de maneira velada.

Durante uma incursão à favela Roquete Pinto, em Ramos, no Rio de Janeiro, por ocasião do desencadeamento da Operação Guilhotina da Polícia Federal em conjunto com a Secretaria de Segurança Pública do RJ, em fevereiro de 2011, seguíamos em duas patrulhas, descendo a Rua Ouricuri em direção ao centro da comunidade, ambas eram compostas por policiais da

Equipe de Operações Aerotáticas da Caop,[2] do GPI[3] e do Bope.[4] Por algumas vezes, um dos policiais do GPI acendeu sua lanterna acoplada ao fuzil G36 KV Calibre 5.56 mm.

Na primeira oportunidade comandei um alto guardado[5] e o questionei sobre o que ele havia feito:

– Tome cuidado com sua lanterna tática, você a está acendendo acidentalmente!

– Não foi acidentalmente... Eu acendi porque não tava vendo nada dentro do beco – ele respondeu.

– Na favela é mais importante você não ser visto do que você ver!

É um exemplo de como alguns conceitos simples algumas vezes passam despercebidos e como é importante construirmos um alicerce doutrinário antes de darmos um passo em direção a atuação em alguns tipos de missões, mais sensíveis.

Uma lanterna é uma ferramenta como várias outras utilizadas pelo homem para controlar e/ou alterar o ambiente. Trata-se, pois, de um instrumento. Na atual classificação de Uso Diferenciado da Força, que no passado costumava-se chamar "Tecnologias Não Letais", convencionou-se considerar como "instrumentos de menor potencial ofensivo", gênero composto por, pelo menos, três espécies distintas, armas, munições e equipamentos. Por se tratar de equipamento capaz de debilitar momentaneamente um agressor, uma lanterna tática pode, então, ser classificada como equipamento de menor potencial ofensivo (Empo), ou, menos letal. Contudo, seu uso pode ser também no sentido de prover maior capacidade de letalidade ao policial, visto que pode servir de instrumento para se localizar alvos, assim como permitir neutralizá-los através da utilização da arma de fogo. O uso da lanterna pode ainda estar relacionado a uma terceira função, a camuflagem. Seguindo o conceito de dissimulação ligado à camuflagem, algumas técnicas relacionadas ao uso da lanterna permitem ao policial equalizar a quantidade de luz em um ambiente, equilibrando uma situação de desvantagem tática em relação a um pos-

[2] Coordenação de Aviação Operacional da Polícia Federal.

[3] Grupo de Pronta Intervenção da PF. São Grupos de Operações regionais, capacitados para operações de risco.

[4] Batalhão de Operações Especiais da PMERJ.

[5] Dispositivo em que a patrulha para no terreno, mantendo posições de segurança para todos os pontos vulneráveis, conhecido vulgarmente como "360".

sível agressor, promovendo uma espécie de "mimetismo" entre o agente executivo da lei e o ambiente.

De acordo com David Bayley,[6] as situações com as quais o trabalho policial tem que lidar, consistem em uma das três maneiras distintas de descrever a atividade policial. Segundo o renomado autor:

> O trabalho policial também é comumente descrito em termos de situações com as quais a polícia se envolve: crimes em andamento, brigas domésticas, crianças perdidas, acidentes de automóvel, pessoas suspeitas, supostos arrombamentos, distúrbios públicos e mortes não naturais. Neste caso a natureza do trabalho policial é revelada por aquilo com o que ela tem de lidar (p.119).

Portanto são as situações que determinam, muitas vezes, a melhor técnica a se adotar. Sobre este assunto, Edgar Morin[7] é esclarecedor:

> O conhecimento das informações ou dos dados isolados é insuficiente. É preciso situar as informações e os dados em seu contexto para que adquiram sentido... Contextualização é condição essencial da eficácia (do funcionamento cognitivo).
>
> [...] É preciso recompor o todo para conhecer as partes.
>
> [...] Unidades complexas, como o ser humano ou a sociedade são multidimensionais: dessa forma, o ser humano é ao mesmo tempo biológico, psíquico, social, afetivo e racional. A sociedade comporta as dimensões histórica, econômica, sociológica, religiosa [...] O conhecimento pertinente deve reconhecer esse caráter multidimensional e nele inserir estes dados: não apenas não se poderia isolar uma parte do todo, mas as partes umas das outras.
>
> [...] O conhecimento pertinente deve enfrentar a complexidade. *Complexus* significa o que foi tecido junto; de fato, há complexidade quando elementos diferentes são inseparáveis constitutivos do todo [...] e há um tecido interdependente, interativo e inter-retroativo entre o objeto de conhecimento e seu contexto, as partes e o todo, o todo e as partes, as partes

---

[6] BAYLEY, David H. Padrões de policiamento: Uma Análise Comparativa Internacional. Tradução de Renê Alexandre Belmonte. São Paulo. Edusp. Editora da Universidade de São Paulo. 2006.

[7] MORIN, Edgar. Os sete saberes necessários à educação do futuro. Cortez Editora. Brasília. 2000.

> em si [...] Em conseqüência, a educação deve promover a "inteligência geral" apta a referir-se ao complexo, ao contexto, de modo multidimensional e dentro da concepção global.

Em alguns casos, seja por contingência ou mesmo por falhas no planejamento operacional, é vital ao policial a sua capacidade em Adaptar, Improvisar e Superar (A.I.S.). Contudo, a adaptação tem que ocorrer com base em uma doutrina, sob pena de, por excesso de flexibilidade, não prover o agente da lei com a praticidade e simplicidade necessárias à operacionalização de determinada técnica em situações de estresse. Costumamos dizer que tanto o policial quanto uma pessoa comum são capazes de executar tarefas complexas em situações convencionais, contudo, somen te aquele é capaz de executar tarefas convencionais em situações "nada convencionais". O planejamento operacional moderno encontra no General prussiano Moltke[8] um de seus maiores idealizadores. Sua máxima confunde: "Nenhum planejamento operacional resiste ao primeiro contato com o inimigo".

O leitor mais desatento pode ser induzido ao erro, acreditando que Von Moltke, por saber que o planejamento operacional, quando posto à prova, carece de adaptações, era displicente com esta etapa das operações. Ledo engano. Moltke não só era conhecido como extremamente criterioso e detalhista em seus planejamentos, como fez escola entre os grandes generais alemães durante a Segunda Grande Guerra, como, por exemplo, Rommel[9], a quem algumas pessoas atribuem erroneamente a famosa frase de Moltke. A consciência da complexidade das situações reais e do emaranhado de fatores presentes em uma ocorrência policial, por mais simples que seja, exige que os chamados

[8] HELMUTH Karl Bernhard Von Moltke. Marechal de campo prussiano responsável pelo conceito de adaptação dos fins aos meios. Desenvolveu estudos sobre os problemas relacionados ao deslocamento das tropas e logística. Sua principal tese dá conta de que a estratégia militar deve ser concebida como um sistema de opções desde os primórdios do planejamento da operação. Concedia, assim, tremenda importância para as questões atinentes à preparação de todas as possíveis consequências.

[9] Erwin Johannes Eugen Rommel. Marechal de Campo do exército alemão durante a Segunda Guerra Mundial, conhecido como "A Raposa do Deserto", denominação que recebeu por conta de sua astúcia e capacidade de improvisação. Atuou de maneira brilhante no comando do "Afrika Corps", durante a intervenção alemã no norte da África. Respeitado por seus soldados e por seus inimigos, participou do planejamento de um atentado contra Hitler. Por conta deste evento foi obrigado a escolher entre duas opções: ser levado a julgamento expondo sua família às retaliações do III Heich ou, com vistas a poupar sua família, retirar sua própria vida, ingerindo veneno. Rommel escolheu a segunda alternativa.

POP´s (Procedimentos Operacionais Padronizados) sejam treinados à exaustão, com a certeza de que, apesar disso, haverá uma certa discricionariedade na sua execução. Portando, não se confunda a faculdade de flexibilizar determinado procedimento com ausência de procedimento e flexibilização total. Costumamos dizer que o excesso de confiança e de improvisação geram o perigoso trinômio N.H.S, ou, simplesmente "Na Hora Sai".

Este livro é tão somente uma ferramenta a mais para os encarregados de aplicação da lei, os denominados "agentes executivos da força". Repetindo o que afirmamos acima, não significa dizer que se trata de um pacote perfeito, de uma receita de bolo ou de um sistema fechado. Ao contrário, como é da própria natureza do trabalho policial, consiste em rol exemplificativo de possibilidades que deve ser adequado às necessidades operacionais, afinal de contas são elas, aliadas ao bom senso, preparo, condicionamento e treinamento que definem a melhor maneira de se aplicar as técnicas sistematizadas em um procedimento padrão.

Treinamento Para Baixa Visibilidade

"Toda prática é turva e negra
sem a luz da teoria".
Maiakovski

Dentre várias outras, uma das funções do treinamento operacional é tornar o policial proficiente na adoção de procedimentos, que, utilizados de acordo com um desencadeamento lógico, proporcionem a adequada resposta frente a um incidente que justifique a intervenção do Estado. E como o trabalho policial é basicamente um trabalho de equipe, é fundamental a sistematização de condutas consideradas desejáveis e adequadas, considerando-se o universo de todas as opções disponíveis. Não se trata, pois, de sempre buscar a técnica ou o instrumento que seja adotado pelo maior número de agências, ou de tecnologia de ponta, mas sim de se trabalhar de maneira uniforme, otimizando e gerenciando da melhor forma os recursos disponíveis. Desse modo reafirmamos a importância que deve ser dispensada aos chamados Procedimentos Operacionais Padronizados, ou, simplesmente POP´s. Costumamos ouvir o tempo todo que "procedimentos salvam vidas". Concordamos, com a ressalva de que "procedimentos adequados salvam vidas". Procedimento é sinônimo de conduta, comportamento. E como podemos estabelecer no ser humano um novo comportamento? Uma maneira prática de fazê-lo é buscarmos elementos na psicologia, segundo a qual é possível se condicionar um ser vivo para que adote um determinado comportamento. É o papel desenvolvido pelo clássico condicionamento pavloviano e pelas condições operacionais de Skinner na instrução policial. Em 1904, I. P. Pavlov recebeu o Prêmio Nobel pela formulação dos conceitos de condicionamento e associação aplicados a cães. De acordo com Dave Grossman:[10]

> Em sua expressão mais simples, o que Pavlov fez foi acionar uma campainha imediatamente antes de fornecer alimento a um cão. Com o tempo, o animal aprendeu a associar o som do instrumento ao recebimento de alimento e passou a salivar sempre que o ouvia, mesmo na falta de comida. A campainha era o estímulo condicionador e a resposta, a salivação: o

[10] GROSSMAN, Dave. Matar! Um estudo sobre o ato de matar. Biblioteca do Exército Editora. Rio de Janeiro. 2007.

> cão fora condicionado a sempre salivar, ao toque da campainha. A técnica de associar uma recompensa a determinado tipo de comportamento constitui o fundamento para as mais bem sucedidas formas de adestramento de animais. (p. 312).

As experiências de Pavlov forneceram a base para a fundamentação da teoria do Condicionamento Clássico, estabelecida sobre o paradigma do estímulo-resposta e ressonaram em B. F. Skinner, que aperfeiçoou o processo com êxito ao desenvolver o que denominamos engenharia comportamental. O foco do trabalho de Skinner, desenvolvido normalmente por experiências na área de aprendizagem, realizadas com pombos e ratos, seria o condicionamento operante, base sobre a qual desenvolveu a teoria Behaviorista (ou Comportamentista) Radical:

> O condicionamento operante é uma forma de aprendizagem superior ao clássico processo de condicionamento. [...] Skinner rejeitava as teorias freudianas e humanista de desenvolvimento da personalidade e sustentava que todo o comportamento resulta de recompensas e punições passadas. Em seu entender, a criança é uma "tábua rasa", uma lousa em branco, capaz de ser transformada em qualquer coisa, se assegurado suficiente controle do meio em que vive, desde a mais tenra idade.

E. Grossman conclui, após descrever o método de treinamento do "soldado moderno", adotado pelo Exército dos EUA atualmente:

> Depois de passar por esse adestramento no estande de tiro, uma resposta intuitiva e condicionada, denominada automatismo, entra em ação, e o soldado fica, então, condicionado a reagir de maneira desejada ao estímulo apropriado. (p. 376).

É justamente o que se aplica a policiais, por exemplo, através de instruções de tiro, em que técnicas de condicionamento são empregadas com o mister de desenvolver a capacidade reflexiva de "tiro rápido". Tratam-se, pois, nos dizeres de Grossman, de "técnicas de modificação comportamental ou condicionamento operacional", é dizer, grande parte do que conhecemos como instruções operacionais se resumem a condicionamento.

A este respeito Grossman, referindo-se ao treinamento das forças armadas estadonudenses, esclarece:

> Para um psicólogo, porém, que também é historiador e militar de carreira, tornou-se cada vez mais claro que foi exatamente isso que fizemos.

> Em vez de tomar a posição deitado, em um estande de tiro gramado, e calmamente atirar em um alvo, o moderno combatente passa horas a fio de pé, em uma toca, inteiramente equipado, vigiando um terreno levemente ondulado e com esparsa cobertura vegetal. A intervalos periódicos, um ou dois alvos, de forma humana e pintados de verde-oliva, aparecem subitamente e por pouquíssimo tempo à sua frente, e o homem deve, instantaneamente, fazer pontaria e atirar contra ele(s). Uma vez atingido, o alvo de imediato realimenta o atirador, caindo pronta e recompensadoramente para trás, tal como um ser vivo. Os instruendos recebem prêmios e elogios pelo sucesso e sofrem leves punições quando deixam de, rápida e precisamente, 'engajar' os alvos – um eufemismo para 'matar'.
>
> [...] Em termos comportamentais, a forma humana que surge repentinamente no campo de tiro do soldado corresponde ao 'estimulo condicionador'; o imediato engajamento é o 'comportamento diante do alvo'; o 'reforço positivo' aparece na forma da resposta imediata oferecida pela queda do alvo, quando atigido; e, como em uma 'economia simbólica', os acertos valem distintivos de perícia no tiro, normalmente associados a alguma forma de recompensa (elogios, reconhecimento público, dispensas etc).
>
> [...] A maioria dos atuais comandantes de Infantaria sabe que a instrução realista, com imediato feedback para o soldado, funciona e é essencial para o sucesso e a sobrevivência no moderno campo de batalha.
>
> [...] O que torna esse tipo de instrução eficaz é o mesmo fator que fez o cão de Pavlov salivar e os ratos de B. F. Skinner apertarem suas alavancas. O que a torna eficaz é a técnica de modificação de comportamento mais poderosa e confiável já descoberta pela psicologia e que agora é aplicada na área militar: o condicionamento instrumental. (p. 312).

Um jargão, largamente utilizado no treinamento operacional é que "repetição até a exaustão leva à perfeição". Preferimos ponderar a assertiva da seguinte maneira "a repetição correta leva à perfeição". Repetir por repetir é temerário. A repetição deve ser crítica, racional e, sobretudo, orientada segundo padrões científicos, legais, éticos e morais.

Devemos, contudo, fazer uma ressalva. O processo de condicionamento pode levar a uma "dessensibilização sistemática", caracterizada pela progressiva redução de resistência a executar o comportamento repetido. Portanto, no ambiente policial, além de possibilitar que o policial faça o uso de sua arma de fogo de maneira rápida, precisa e eficaz, o treinamento deve visar o desenvolvimento do que Edgar Morin[11] denomina "Inteligência Geral", a saber:

> A educação deve favorecer a aptidão natural da mente em formular e resolver problemas essenciais e, de forma correlata, estimular o uso total da inteligência geral. Este uso total pede o livre exercício da curiosidade, a faculdade mais expandida e a mais viva durante a infância e a adolescência, que com freqüência a instrução extingue e que, ao contrário, se trata de estimular ou, caso esteja adormecida, de despertar (p. 39).
>
> [...] Unidades complexas, como o ser humano ou a sociedade, são multidimensionais: dessa forma, o ser humano é ao mesmo tempo biológico, psíquico, social, afetivo e racional (p. 38).
>
> [...] Efetuaram-se progressos gigantescos nos conhecimentos no âmbito das especializações disciplinares [...] porém estes conhecimentos estão dispersos, desunidos, devido justamente à especialização que muitas vezes fragmenta os contextos, as globalidades e as complexidades. [...] Nestas condições, as mentes formadas pelas disciplinas perdem suas aptidões naturais para contextualizar os saberes, do mesmo modo que para integrá-los em seus conjuntos naturais. O enfraquecimento da percepção do global conduz ao enfraquecimento da responsabilidade (cada qual tende a ser responsável apenas por sua tarefa especializada), assim como ao enfraquecimento da solidariedade cada qual não mais sente os vínculos com seus concidadãos) (p. 41).
>
> [...] O conhecimento especializado é uma forma particular de abstração. A especialização 'abs-trai', em outras palavras, extrai um objeto de seu contexto e de seu conjunto, rejeita os laços e as intercomunicações com seu meio, introduz o objeto no setor conceptual abstrato que é o da disciplina compartimentada, cujas fronteiras fragmentam arbitrariamente a sistemicidade (relação de parte com o todo) e a multidimensionalidade dos fenômenos. (p. 41).
>
> [...] Em conseqüência, a educação deve promover a 'Inteligência Geral' apta a referir-se ao complexo, ao contexto, de modo multidimensional e dentro da concepção global (p. 39).

---

[11] MORIN, Edgar. Os sete saberes necessários à educação do futuro. Cortez Editora. Brasilia. 2000

De certa forma, a conclusão do referido autor foi antecipada desde o século XIX, pela máxima de Schopenhauer de que "não há maior perigo para a humanidade do que o cientista alienado". Daí a necessidade de adotarmos procedimentos contextualizados, sempre buscando a conscientização do policial para as consequências de seus atos e preparando-o para a adoção de técnicas e instrumentos variados, visando à redução da letalidade nas ações policiais, sempre que possível. Neste sentido uma interessante ferramenta é o envelope operacional contido na doutrina de Uso Diferenciado da Força.

O "meio termo de ouro" entre o condicionamento operacional e a manutenção da capacidade de julgamento e lucidez deve balizar o Treinamento Baseado na Realidade (RBT – *real based training*). Neste sentido, uma potente ferramenta é a PNL (Programação Neuro-Linguística), desenvolvida por John Grinder, no início da década de 1980. A Hierarquia de Grinder foi acrescida, posteriormente, de um quinto nível, a saber, a Competência Consciente da Competência Inconsciente, ou o nível de excelência onde o indivíduo treinado adquire a habilidade de treinar e ensinar outros indivíduos. Os outros quatro níveis são:

1. Incompetência Inconsciente.
2. Incompetência Consciente.
3. Competência Consciente.
4. Competência Inconsciente.

Além do equilíbrio entre condicionamento e julgamento é essencial que o Treinamento Baseado na Realidade (RBT) seja seguro. É necessário, de acordo com os ensinamentos de Keneth Murray[12], que este tipo de treinamento respeite verdadeiros "rituais de segurança". Sobre a necessidade de diferenciação entre o que é simples e o que é fácil, durante a configuração deste tipo de atividade, o autor ensina (livre tradução):

> Configurar um treinamento seguro é simples, mas isto não significa que seja fácil, e as pessoas apresentam a tendência de confundir simples com fácil. Simples implica a redução na complexidade, enquanto fácil implica o mínimo de esforço. Para garantir a segurança durante um treinamento de risco você irá precisar eliminar os perigos – e isto não é fácil. Neste caso, o Treinamento Baseado na Realidade requer muito esforço.

[12] Murray, Keneth R. Training at the Speed of Life. Volume one – The Definitive Textbook for Military and Law Enforcement Reality Based Training. p. 109. Armiger Publications, Inc. Gotha, FL. 350p.

Com relativa frequência observamos operadores que confundem estes dois conceitos, o que é simples e o que é fácil. Nas palavras de Murray simplificar algo é reduzir sua complexidade. Sabendo que as duas principais características da complexidade são a imprevisibilidade e a instabilidade. Portanto, simplificar é reduzir os fatores que deixam o sistema instável e imprevisto. De acordo com este raciocínio, portanto, realizar um bom Gerenciamento de Risco do seu treinamento é simplifica-lo, reduzindo-se, através das ações mitigatórias, os fatores de instabilidade e imprevisibilidade, ou seja, a probabilidade da ocorrência de eventos perigosos. Por outro lado, tornar algo fácil é simplesmente fazer com que seja necessário menos esforço para se executar determinada tarefa.

1 - Por que treinar em condições de baixa visibilidade?

A questão acima, primeira de uma sequência proposta no início deste trabalho, nos leva exatamente à justificativa do próprio livro. Sabemos que a estatística pode fornecer uma base sólida para o desenvolvimento de um trabalho científico. Ela nos abastece com elementos de prova extraídos do contexto real, proporcionando que se proceda com a análise dos dados a partir de um processo dedutivo, isto é, parte-se do geral para o caso particular. Seguindo o método cartesiano de investigação, a estatística nos fornece dados sintetizados, que serão interpretados e analisados para, posteriormente, serem convertidos e enumerados em princípios básicos. Estes, por sua vez, os princípios, apresentam a característica de prevalecerem no tempo. Com o mister de buscar este embasamento teórico, trouxemos dos relatórios do FBI uma série de dados que remetem à importância do treinamento em baixa visibilidade. Foi necessário recorrermos a dados vindos de outros países em virtude da deficiência desse tipo de material em nosso País, com o nível de detalhamento necessário.

Além do período noturno, é possível que o policial acabe inserido em um combate em baixa luminosidade mesmo durante o período diurno. Basta que esteja atuando dentro de edificações ou em locais onde a luz do sol não penetra com facilidade. A esse respeito, o Capítulo 9 do livro "Técnicas Policiais: uma questão de segurança"[13] é apropriado:

> Durante muito tempo e, ainda hoje, alguns policiais atribuem o uso da lanterna apenas a parte noturna do serviço.

[13] FRANCO, Paulo R. P.; CRUZ, Valdir S. da; LEAL, Josué L.; FERREIRA, Rubens, A. Técnicas Policiais: uma questão de segurança. Editora Santa Rita. Porto Alegre, 2008.

Pelas experiências adquiridas mostra-se extremamente útil o uso deste equipamento em qualquer hora do dia.

Exemplificando: Num certo dia, às 15h, no centro de Porto Alegre, um menor infrator efetuou um furto qualificado num veículo e fugiu. Um policial, ao avisar o ocorrido, saiu no acompanhamento ao menor, vindo esse a entrar em um prédio abandonado e a esconder-se na parte mais escura. O policial que vinha correndo parou na porta e constatou que estava muito escuro, oferecendo risco. Então, solicitou via rádio apoio e uma lanterna. Ao chegar o apoio e a lanterna, foi realizada a varredura e a apreensão do menor com sucesso.

Portanto, antes de iniciarmos especificamente o estudo do assunto uso da lanterna tática em situações de baixa visibilidade, analisemos o Gráfico 1, acerca dos horários em que policiais norte-americanos foram mortos ou sofreram uma abordagem criminosa.

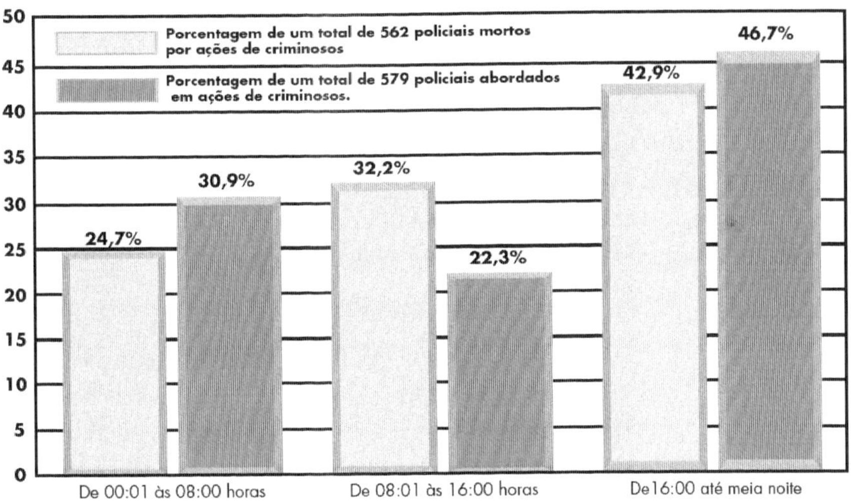

[1]Devido aos arrendondamentos, o somatório das porcentagens pode ser diferente de 100.
[2]O horário não foi relatado em 0,2 porcento dos casos de policiais mortos por criminosos.

Nota: Os 72 policiais mortos nos ataques terroristas de 11 de setembro de 2001 não estão incluídos nesta estatística.

Gráfico 1: policiais mortos e assaltados de acordo com o horário, nos Estados Unidos, de 1997 a 2006, retirado do relatório LEOKA, FBI, 2006.

Portanto, é impossível se prever quando deveremos portar nossas lanternas. Novamente pedimos vênia para buscar dados do trabalho "Sobrevivência

Policial". Conforme aduz, na quase totalidade dos conflitos armados (quase 100%), o tempo dos disparos (somando-se criminoso e policial) não excederam três segundos e uma média de três disparos, somando-se policial e agressor. A estatística prova, de plano, uma incongruência: em aproximadamente 67% dos confrontos nos quais policiais foram mortos havia uma condição de baixa luminosidade, contudo, raramente o policial terá que disparar um carregador pleno de munições. Sabemos, entretanto, que a grande maioria dos policiais, se tiverem possibilidade, darão preferência a levarem consigo vários carregadores extras, mas negligenciam trazer consigo uma lanterna tática. Não estamos afirmando que não se deva portar carregadores extra, muito pelo contrário. O que estamos propondo é que, no lugar de levar pistola mais dois carregadores sobressalentes, melhor seria trazer consigo um carregador extra e uma lanterna tática. A simples observação da Tabela 1, abaixo, nos fornece evidências sólidas da veracidade desta afirmação.

No trabalho didático intitulado "Confrontos Noturnos[14]", Karine Bellon afirma que:

> "Se for perguntado a muitos policiais, quantas vezes eles exercitam o tiro em condições adversas de tempo, espaço e iluminação, poucos responderão afirmativamente a esta questão. Provavelmente, eles desconhecem, por exemplo, que grande parte das situações envolvendo o uso de armas de fogo contra delinqüentes ocorre sob as piores condições de iluminação. Isto porque 80% delas acontece no período noturno, ou no diurno, mas com lugar em ambientes de visibilidade dificultada".

Interessante ainda é sua conclusão, dando conta de que:

> "Extremamente importantes são as técnicas e táticas empregadas em perseguições a indivíduos armados e em troca de tiros em locais pouco iluminados e de terreno irregular. A tensão do atirador é ampliada pelo escuro, já que as sombras parecem aumentar e diminuir adquirindo formas irreais. O silêncio e a escuridão nos trazem estranhas sensações. Além do que precisamos ter em mente a possibilidade de se balear, por engano, algum colega, ou de ser baleado por ele; ou mais, de se balear, também por engano, um inocente".

Mais adiante estaremos abordando a questão psicológica concernente ao confronto em situações de baixa visibilidade, por meio da contribuição do

[14] BELLON, Karine Ramos da Rosa. "Confrontos Noturnos". São José dos Pinhais, Paraná. 2003. Polícia Militar do Estado do Paraná. Academia Policial Militar do Guatupê.

Psicólogo Jacinto Maia Neto, que corroborará a afirmação acima, tornando-a um pouco mais "palatável".

Por fim, em relação ao condicionamento, acreditamos de suma importância a consolidação dos "Sete Princípios Básicos" do treinamento para a sobrevivência policial, descritos por Lawrence Blum[15] (livre tradução):

1. Desenvolvimento e uso de um **plano tático** adaptável, tanto quanto possível, as circunstâncias encontradas;

2. **Comunicação** de ações coordenadas com outros policiais;

3. **Evitar ações independentes** ou a separação de parceiros durante perseguições;

4. Adquirir e manter a **familiaridade com o equipamento**;

5. Utilizar **táticas apropriadas** em resposta a incidentes distintos;

6. Manter o **condicionamento físico** e conhecer os próprios limites físicos; e

7. Manter uma **atitude mental dominante e positiva** que garantirá a manutenção do desejo de sobreviver.

[15] Blum, Lawrence. Force under pressure: how cops live and why they die. p. 19. Lantern Books. New York. 2000. 192p.

Tabela 1: policiais mortos de acordo com o horário, nos Estados Unidos, de 1997 a 2006, retirado do relatório LEOKA, FBI, 2006.											
Policiais mortos por ações de criminosos											
Dados de 1997 a 2006											
Horário	Total	1997	1998	1999	2000	2001[1]	2002	2003	2004	2005	2006
Número de policiais vitimados	562	70	61	42	51	70	56	52	57	55	48
Total de vítimas durante o período considerado entre meia-noite até o meio-dia	216	2[illegible]	25	16	18	30	19	25	20	21	17
00:01 – 2:00	58	7	7	5	10	6	4	5	5	4	5
2:01 – 4:00	36	5	2	2	2	6	6	3	2	4	4
4:01 – 6:00	24	6	0	1	1	5	1	4	2	1	3
6:01 – 8:00	21	1	6	1	1	4	2	2	0	2	2
8:01 – 10:00	35	4	5	3	0	4	4	6	4	5	0
10:01 – 12:00	42	2	5	4	4	5	2	5	7	5	3

Total de vítimas durante o período considerado entre meio-dia e meia-noite	345	45	36	26	33	40	37	27	37	34	30
12:01 – 14:00	56	13	5	3	6	3	5	6	9	1	5
14:01 – 16:00	48	6	6	5	7	2	4	3	4	7	4
16:01 – 18:00	45	5	4	5	4	2	8	7	1	4	5
18:01 – 20:00	49	2	2	2	5	12	6	4	6	6	4
20:01 – 22:00	81	8	10	8	7	14	9	4	10	6	5
22:01 – 00:00	66	11	9	3	4	7	5	3	7	10	7
Não informado	1	0	0	0	0	0	0	0	0	0	1

[1]Os 72 policiais mortos nos ataques terroristas de 11 de setembro de 2001 não estão incluídos nesta tabela.

De uma maneira geral o policial brasileiro encontra uma série de dificuldades no que diz respeito a confronto em baixa luminosidade. As principais ainda são a falta de equipamentos de qualidade produzidos pela indústria nacional e o alto custo dos importados.

Existe uma variedade enorme de equipamentos disponíveis, alguns são caros, chegando a se tornarem impeditivos. Porém, existe muita desinformação também. Geralmente, quando das fases de planejamento de cursos e instruções, ou se esquece totalmente a baixa luminosidade ou se proporciona a ela papel secundário, acessório. Interessante analisarmos essa visão, pois atribui um papel de atividade acessória para uma atividade fim, operacional, relacionada ao conceito de polícia moderna e seus atributos, quais sejam, profissionalismo, especialização e instituição pública. Trata-se de uma incongruência lógica, uma contradição facilmente observada pela aplicação dos princípios do terceiro excluído e do não contraditório. Essa ótica, como podemos observar nos dados da Tabela 1, do Gráfico 1 e do trabalho "Sobrevivência Policial", não corresponde à real necessidade de treinamento dos policiais, influindo, portanto, no nível de profissionalismo e especialização e interferindo, em última instância, na própria definição de polícia moderna, nos moldes do preconizado por nomes consagrados como David Bayley.

Em muitos casos, para se executar um bom adestramento não é necessário mais do que conhecimento e boa vontade, além, é lógico, de um pouco de bom senso. O processo crítico, mental e analítico não requer esforço físico, quanto menos recursos financeiros. Ao longo deste livro serão comentadas algumas técnicas primárias, simples e, nem por isso, menos efetivas, muitas que requerem custo zero. Proporemos técnicas para o uso das lanternas tradicionais, uma opção aos policiais que, por algum motivo, não têm acesso a uma lanterna tática. Motivos pessoais a parte, difícil entender o valor que alguns policiais dão para um carro ou uma moto e, ao mesmo tempo, acham tão difícil pagar uma quantia proporcionalmente pequena por uma lanterna tática de qualidade, um instrumento que pode salvar sua vida, auxiliando sobremaneira o cumprimento dos misteres de seu cargo. Antes disso, mesmo que realmente não tenha acesso a este equipamento, que pelo menos estude, aprenda a técnica correta para se utilizar a lanterna de que dispõe.

Finalizando nossas observações acerca da questão inicial colocada no início do capítulo: Por que treinar em condições de baixa visibilidade? A resposta mais óbvia entre todas as outras seria simplesmente que a sua vida é extremamente valiosa para negligenciar um fator que, ao final, pode representar a diferença entre voltar para casa em segurança ou morrer. Há alguns anos, aprendi uma grande lição com um policial civil de São Paulo chamado Vicente, referência em doutrina policial no Brasil. Em sua mochila ele trazia tudo o que normalmente levava em uma operação e sempre usava uma proteção balística. Quando o perguntei acerca do incômodo que era carregar aquele equipamento para todo canto ele disse:

- Bettini, a sua vida vale mais quando você está trabalhando?

- Não...respondi sem, contudo, entender muito bem o que ele estava dizendo.

- Então por que quando você trabalha você carrega lanterna tática, carregadores extra, algemas, proteção balística, entre outros? E quando você deixa o serviço e vai para sua casa deixa todos os seus equipamentos e toda a sua proteção, trancados na sua sala?

- Você tem toda a razão, eu disse.

O Vicente estava certo e o que ele me falou em 2005 continua válido até hoje. Sua afirmação consiste em uma tautologia, ou seja, uma proposição que sempre será verdadeira, de acordo com a lógica. No caso, a lógica do trabalho policial e da preservação da vida, que encerra em si um conceito absoluto. A vida não deve ser relativizada, principalmente quando estamos falando da sua vida e das pessoas que você mais gosta. Sim, porque quando você não estiver trabalhando, em seus momentos de lazer, você será o responsável pela segurança dos seus familiares e do êxito em você sobreviver.

Atualmente estão disponíveis várias opções de equipamentos mais leves, com dimensões reduzidas. No caso da lanterna, o ideal é que esteja o tempo todo, dia e noite, a serviço ou na folga, usando uma...de boa qualidade. Vejam o exemplo da Figura 2, no qual o policial utiliza o modelo PD 20, da Fênix, somente uma opção em meio a tantas que o mercado propicia atualmente. A lanterna fica acondicionada no bolso, peada ao passador da calça (no caso o passador logo acima do bolso esquerdo) pelo fiel da lanterna.

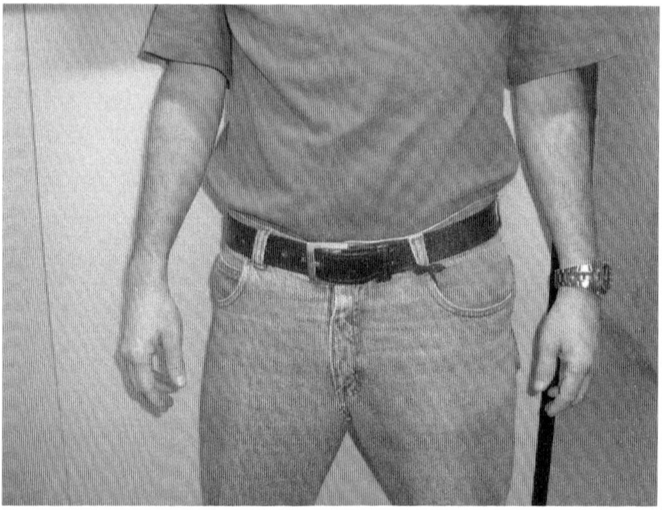

Figura 1: Policial vestido com roupas discretas portando lanterna tática no bolso esquerdo. Observe no detalhe do fiel da lanterna preso no passador acima do bolso.

Aproximamos a imagem na Figura 2 para que fique mais fácil a visualização. O fiel está preso através de um nó "boca de lobo". A conexão do fiel à lanterna foi invertida para que a extremidade rígida do fiel ficasse junto ao nó, favorecendo a ação de desconectar a lanterna mais rapidamente sem o uso da visão. Uma solução mais prática para facilitar o saque da lanterna é fazer como os bons peões fazem ao pear seu laço na sela: utilizar um fiel (cordão ou barbante) de pouca resistência que se rompa com um puxão mais brusco. Porque em algumas situações você poderá ter que sacar a lanterna tão rapidamente quanto saca a sua pistola e, tudo isso, enquanto busca abrigar-se e seleciona algum alvo na penumbra, identificando e diferenciando um agressor armado com uma arma de fogo de outro simplesmente escondendo suas mãos por baixo da camisa, por exemplo.

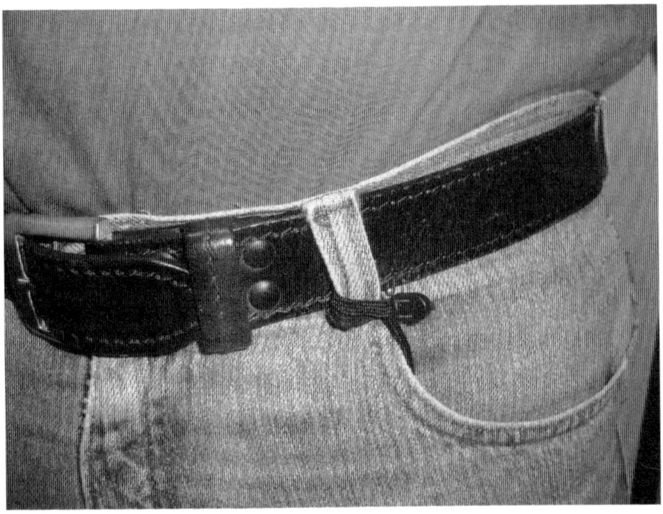

Figura 2: Policial vestido com roupas discretas portando lanterna tática no bolso esquerdo. Observe no detalhe do fiel da lanterna preso no passador acima do bolso.

Na sequência (Figura 3) o policial inicia a empunhadura da lanterna, retirando-a do bolso, utilizando para isso somente a mão fraca.

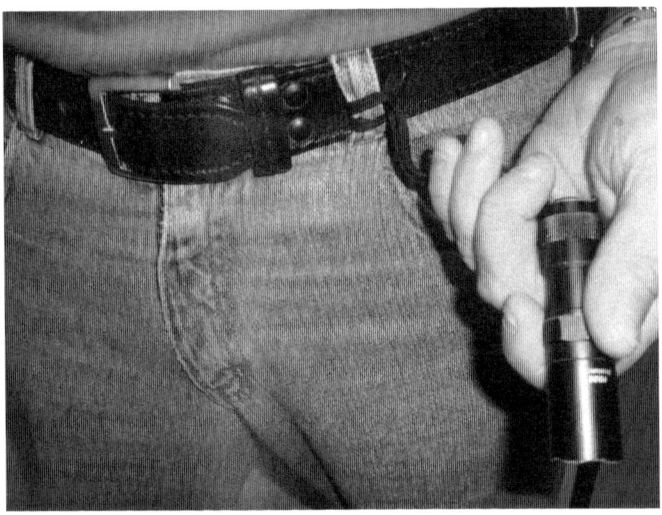

Figura 3: Policial vestido com roupas discretas empunhando a lanterna tática.

Na continuação da manobra (Figura 4) o policial já sacou sua pistola e concluiu a empunhadura da lanterna tática, mantendo a "Posição 3" conjugada com a técnica de Michael Harries para uso da lanterna.

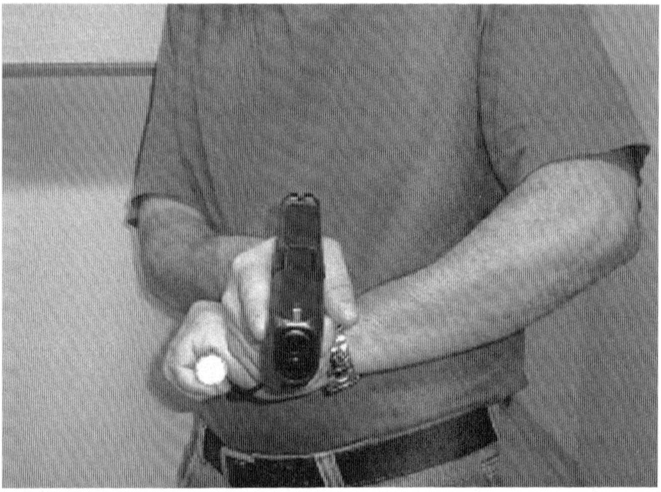

Figura 4: Policial empunhando a pistola, utilizando a lanterna tática na posição Harries.

Na Figura 5 o policial aciona a lanterna mantendo o conjunto (arma + lanterna tática) na Posição 3. Nesta situação o acionamento da lanterna serve como técnica de esclarecimento visual. Lembramos que, ao acionar sua lanterna tática, sem que a mesma esteja direcionada contra os olhos do agressor ou na condição "estroboscópio", você ingressa na condição de alvo.

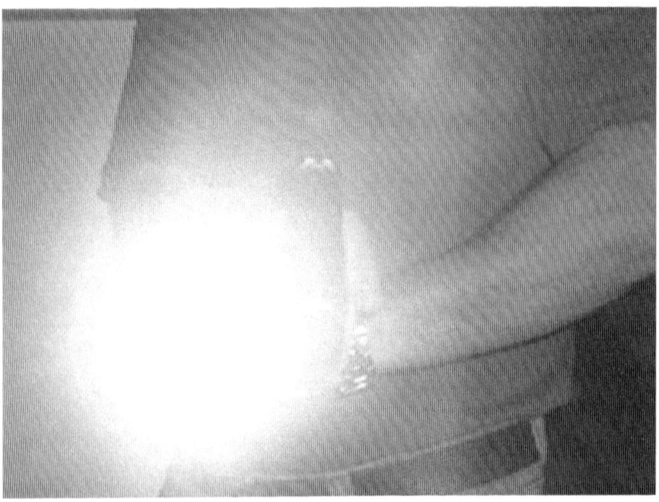

Figura 5: Policial aciona a lanterna tática enquanto empunha a pistola na posição 3.

Finalizando a manobra (Figura 6), o policial aciona a lanterna mantendo o conjunto (arma + lanterna tática) na Posição 4, engajando o alvo.

Figura 6: Policial engaja o alvo, na posição 4, utilizando a lanterna tática.

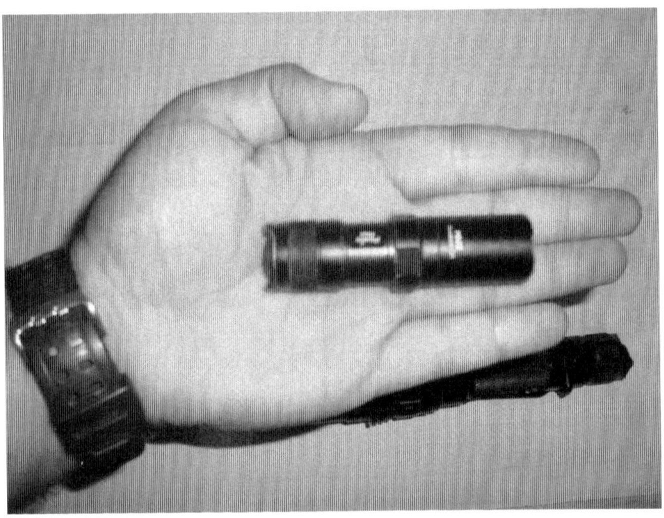

Figura 7: Lanterna Fenix PD 20 utilizada pelo policial.

2 - Como treinar para o combate em baixa luminosidade?

"Toda teoria é cinza se não há vivenciamento prático".
Goethe

O treinamento em baixa visibilidade deve visar desenvolver no policial conhecimentos, habilidades e atitudes, o trinômio denominado triângulo da competência, que possibilitem aumentar suas chances de sobrevivência, no caso de um encontro armado nestas condições. Além disso, é objetivo ainda que o agente da lei adquira o que convencionamos chamar de "hábitos saudáveis", ou seja, condutas que o auxiliem na consecução de seus objetivos profissionais e mesmo em sua vida pessoal.

Os conhecimentos, por sua vez, consistem nas diversas técnicas e suas justificativas científicas e práticas para que as mesmas existam, sua finalidade.

As habilidades são o fruto da repetição correta, que leva o policial a executar o movimento sem a necessidade de pensar no que está fazendo. É o que chamamos de ação reflexiva, que, por sua vez, é obtida através da memória neural (também conhecida como memória muscular, contudo, esta nomenclatura sofre críticas pelo fato de músculos não terem "memória"). Aquela que ocorre por reflexo, sem necessidade de se cogitar. É o que alguns chamam de atitude instintiva (também criticada por não se tratar de uma reação inata ao indivíduo, o que o termo instinto sugere). Também não apreciamos esta denominação por entendermos que ninguém nasce com o instinto de atirar, trata-se, pois, de uma habilidade adquirida. Os instintos são inatos, a ação reflexiva não. Por isso mesmo deve-se repetir incansáveis vezes os movimentos, por mais simples que sejam. Devemos recordar sempre da máxima, anteriormente explicitada, que exprime bem o motivo da repetição: o policial deve treinar para executar tarefas convencionais, em situações nada convencionais. Memória neural e ação reflexiva são causa e fim em si mesmas. O treinamento, portanto, deve ser fundado na realidade, balizado nas necessidades operacionais de cunho essencialmente prático.

Por fim, as atitudes são o ponto nevrálgico de qualquer treinamento operacional. O grande estrategista inglês B. H. Liddel Hart[16] afirma em sua obra "As Grandes Guerras da História", que a vontade humana é imponderável. É impossível, portanto, determinarmos o elemento volitivo de qualquer Ser Hu-

[16] Basil H. Liddel Hart. As Grandes Guerras da História. Ibrasa. Rio de Janeiro. 1963. 468 p.

mano, em situações específicas. As atitudes dependem de princípios morais, éticos e culturais. Estas, por sua vez, constituem-se de Leis universais objetivas, que, contudo, são expressas de maneira subjetiva, além do conjunto de costumes e hábitos existentes em determinada sociedade. O Imperador Napoleão Bonaparte dizia que "na guerra, o moral está para o físico como três para um." Significa dizer que em situações limite, a atitude correta é fundamental. Todo treinamento deve visar forjar no policial os valores supremos pelo qual ele existe como agente da lei. Daí, a importância do uso de técnicas de gestão de recursos humanos, motivação e valorização do policial, antes, durante e depois do treinamento. Nosso trabalho é treinar e nosso treino é trabalho.

Essas atividades se sobrepõem, sendo impossível determinar qual delas é mais importante, devendo haver uma relação transversal entre as diversas disciplinas e as situações em que as habilidades deverão ser aplicadas através da atitude correta, dentro dos princípios de necessidade e oportunidade.

O treinamento deve, portanto, ser fundado na realidade, sob pena de conduzir o policial a adoção de procedimentos inadequados, o que será traduzido em duas possibilidades: incidente (evento não esperado e não deliberado, sem vítima) ou acidente (evento não esperado e não deliberado, com vítima).

Além disso, o treinamento deve também ser progressivo, partindo das técnicas mais simples para as mais complexas. Na medida da sua progressividade, deve adotar conceitos de multi e transdisciplinariedade. Treinar tiro em condições de baixa visibilidade, treinar entradas táticas nas mesmas condições e depois treinar entrada tática com tiro real também em baixa visibilidade, por exemplo. Isto deve ser feito para todas as áreas das operações policiais. Técnicas de Combate Corpo a Corpo, Uso Diferenciado da Força, Utilização e Manuseio de Explosivos, Técnicas Verticais, Operações de Menor Potencial Ofensivo, Operações de Inteligência e Reconhecimento, enfim, toda a gama de técnicas e possibilidades no qual o gênero Operações Policiais deve ser sistematicamente dissecado e treinado, num primeiro momento de maneira isolada, mas na seqüência em conjunto com outras técnicas e finalmente inseridas em um cenário simulado, com condições parcialmente controladas, representando situações reais.

Uma boa opção de treinamento com condições de baixa visibilidade é utilizar um par de óculos de natação, de preferência de cor escura. Quanto mais usado e com riscos, melhor. Dessa maneira podemos sanar um velho problema para o treinamento em baixa visibilidade nas unidades que não dispõem de estande de tiro coberto. Outra opção é a utilização de ambientes confinados, com o controle da incidência de luz.

Um bom exemplo da importância do treinamento estar de acordo com a realidade das operações é fornecido por Massad Ayoob[17] em seu livro "The Semiautomatic Pistol in Police Service and Self-Defense" ("A pistola semi-automática no serviço policial e na defesa pessoal"). É o do evento conhecido como Massacre de New Hall. O autor narra um fato real ocorrido nas rodovias próximas à pequena cidade de New Hall, nos E.U.A. Três patrulheiros recém formados envolveram-se em um tiroteio com dois criminosos. Todos os policiais morreram sem conseguir realizar disparos efetivos com suas armas. O nível de acerto dos policiais foi baixíssimo. Após analisarem o caso profundamente, os peritos chegaram à seguinte conclusão: os três policiais eram recém egressos da Academia de Polícia; todos foram submetidos ao mesmo treinamento de tiro; todos eram considerados alunos regulares, não mostrando dificuldades especiais durante o período de treinamento; durante os treinos usaram revólveres calibre Magnum .357; as munições utilizadas, por motivo de economia de recursos, foram calibre .38, com fator baixo (relação entre peso da ponta e quantidade de pólvora pequena); durante a ação os policiais estavam utilizando munição Magnum .357 +P+; os policiais nunca haviam treinado com munições Magnum calibre .357. Diante dos fatos levantados na investigação, restou comprovado que o treinamento com munição .38 e a atuação no conflito com munição .357 foi um complicador decisivo, influenciando negativamente o aproveitamento dos disparos efetuados pelos policiais.

A situação experimentada no Massacre de New Hall fornece a resposta para a pergunta: Como treinar para o combate em condições de baixa visibilidade? Focando o treino na realidade das operações policiais, não em situações simuladas distintas do que ocorrerá quando o policial for obrigado a utilizar a técnica que está treinando.

Ressaltamos, ainda, a necessidade de aliarmos o treinamento para o uso de força letal com os princípios do Uso Diferenciado da Força, passando pelos vários níveis de força não letal, como verbalização, imobilizações, uso de agentes químicos, munição de impacto controlado (MIC), dentre outros. Finalmente, enfocar os efeitos do uso da força, seja ela letal ou não, durante o treinamento. Com relativa freqüência treinamos nossos policiais para usarem

---

[17] Massad F. Ayoob. *The Semiautomatic Pistol in Police Service and Self-Defense.* Paperback. New Hampshire. 143p. 1985.

suas armas letais, contudo, com pouca freqüência os treinamos para utilizar meios alternativos ao uso da força letal e raramente os preparamos para as conseqüências e ações a serem tomadas na sequência, após o emprego da força por parte do policial. Na prática, o resultado é, no máximo, a proficiência em habilidades que acabam sendo apartadas da questão situacional, negando-se ao agente da lei a capacitação no quesito atitudinal. A conseqüência é o déficit na consciência das atitudes e na adoção de postura crítica frente as várias questões suscitadas pelo uso legal da força.

3 - O que treinar

> *"Uma nação que confia em seus direitos,*
> *em vez de confiar em seus soldados,*
> *engana-se a si mesma e*
> *prepara a sua própria queda".*
> Rui Barbosa

O primeiro passo no treinamento para o combate em baixa visibilidade é diferenciarmos o conceito de baixa luminosidade do conceito de ausência de luz. Raramente, a menos que o policial esteja combatendo no interior de grandes cavernas, ou a grandes profundidades oceânicas, ou em recintos hermeticamente isolados e lacrados, ele estará combatendo em ausência de luz. Essa constatação é obvia, a ponto de parecer absurda, mas nem por isso sem importância. Mas até onde ela nos leva? Ela nos proporciona a seguinte constatação: um dos fatores que mais influenciam o combate em baixa visibilidade é a capacidade do olho humano em captar e aproveitar a luz do ambiente. Para tanto, somos levados a analisar os níveis de luminosidade e suas implicações. Partindo dessa premissa elegemos a adaptabilidade a um patamar mais elevado, atentando para a importância da adoção de determinados procedimentos, alguns deles relacionados à fisiologia e saúde do agente da lei. Fumo, estresse, falta de sono, passar horas na frente da televisão ou da tela do computador, são procedimentos que podem comprometer sua capacidade fisiológica em responder de maneira adequada às situações de confronto policial em situações com baixa luminosidade.

3.1 - Camuflagem

Um dos aspectos mais negligenciados nas operações policiais é o cuidado com a camuflagem. Seguidas vezes podemos observar o policial que refuta com grande energia utilizar técnicas simples que dificultem sua identificação pelos infratores, por simplesmente acharem desnecessária, exagerada ou por desconhecimento mesmo.

Christopher Larsen[18], em seu livro *Táticas de Patrulha*[19] afirma que:

> "O conhecimento sobre quando você deve ser e quando você não pode ser visto proporciona a você um aumento significativo nas habilidades necessárias para não se quebrar a primeira regra da sobrevivência no campo de batalha – Não se torne uma baixa!"

A camuflagem para as operações noturnas é específica. Cada detalhe deve ser tratado de maneira peculiar. Entre outros, são alguns pontos a serem observados: vestimentas, pele, armamento, ambiente e equipamentos. Sempre que for camuflar a pele, deve-se evitar o uso de mais de uma cor, no caso de operações noturnas. É importante dar preferência para a camuflagem monocromática em tons de cinza escuro, de forma a se retirar, de maneira uniforme, o brilho proporcionado pela oleosidade natural da pele. Deve-se evitar a camuflagem em diversos tons, rajada, no estilo "camuflagem rural", ou ainda a chamada camuflagem Russa.

Antes de prosseguimos com a questão visual da camuflagem, cabe-nos ressaltar que outros sentidos estão englobados no conceito de camuflagem, resultado da capacidade de percepção humana. Muitas vezes o policial pode estar se camuflando visualmente, contudo, ao aplicar um produto, por exemplo uma graxa à sua pele, acaba adicionando uma substância com cheiro perceptível ao seu corpo, facilitando sua ocultação visual, porém facilitando também a sua detecção através do olfato. Esse tipo de detalhe é fundamentalmente importante em situações onde estão presentes animais de guarda, como cães e gansos.

O uso de vestimentas pretas, apesar de muito difundido, não é o mais recomendado, devendo dar-se preferência para tons de cinza e, dependendo do ambiente, até mesmo o camuflado rural, seja ele de caatinga ou floresta. Aqui se observa um ponto vital no que tange a camuflagem. Para se camuflar

---

[18] Christopher E. Larsen serviu no exército norte Americano de 1985 a 1994 como official não comicionado de infantaria leve, assalto aéreo e infantaria mecanizada. Atuou como instrutor no Iraque e na Coréia, além de diversas unidades do exército norte americano, como a 101st Air Assault Division e a 10th Special Forces Group. Possui mestrado em educação na Universidade do Missouri.

[19] Christopher E. Larsen. Light Infantry Tactics For Small Teams. AuthorHouse. 2005. 243p. Bloomington, Indiana.

o policial deve estar de acordo com o ambiente, mimetizado com o mesmo. Significa dizer que a camuflagem deve ser uma regra, ditada por alguns princípios, um tipo de adaptação ao meio, ao cenário, ao teatro de operações no qual o policial está inserido. Contudo, muitas vezes, a melhor maneira de se camuflar é não se camuflar. Durante a Segunda Guerra Mundial a resistência francesa e seus "*partisans*" lograram hesito em diversas ações utilizando este princípio. Em uma das ações mais conhecidas, consta que um velho homem cego caminhava todos os dias através das praias fortificadas na França ocupada. Os soldados nazistas não se preocupavam com aquele homem. Um garoto o guiava e descrevia para o velho homem o que enxergava. Durante a noite, o homem descrevia com riqueza de detalhes tudo o que o garoto havia lhe dito. Sua mulher escrevia e enviava os informes para a Inglaterra, através de um sistema de inteligência sofisticado para a época. Um dos fatores que proporcionaram êxito aos aliados no desembarque do Dia D, nas praias da Normandia, foi justamente a riqueza de detalhes que os aliados conseguiram levantar acerca dos locais de desembarque. Entre outros tantos, aquele velho homem cego cumprira sua missão com maestria, totalmente camuflado, ao mesmo tempo sem se camuflar. Portanto, a camuflagem não carece, necessariamente, de ser física, ela pode ter fortes aspectos psicológicos. Neste ponto, diferenciamos camuflagem de disfarce. A própria camuflagem é dividida em dissimulação e simulação. De maneira bem simples, dissimular é fazer algo que é (por exemplo, um policial) parecer algo que não é (um arbusto). Simular, por sua vez, é fazer algo que não é (uma viatura policial) parecer algo que é (um veículo de entrega). O disfarce, por sua vez, consiste no artifício que ora se adota com o objetivo de simular, ora com vistas a dissimular uma situação. É, portanto, uma espécie do gênero camuflagem. Não raramente enquanto cumprimos missões Brasil afora nos deparamos com situações embaraçosas. Certa vez, quando participávamos de uma operação policial, no Rio de Janeiro, entre os participantes da missão havia um policial usando um camuflado para a neve. E a ação desenvolveu-se em uma comunidade daquela capital. Exemplos existem aos milhares, de policiais que acham este ou aquele equipamento ou uniforme bonitos e pretendem que o terreno se adapte a eles. Um camuflado de neve foi feito para ser utilizado em operações na neve. No Brasil, com raras exceções, não neva, principalmente em pleno verão carioca.

Em determinadas situações é importante adotarmos vestimentas que "quebrem" a silhueta humana, como chapéus, roupas Guillie, redes ou outros materiais, inclusive através de meios de fortuna. Por motivos óbvios o ser humano possui uma capacidade tremenda de reconhecer outros da sua espécie. Portanto, artifícios que reduzam a forma humana da nossa aparência facilitam a nossa ocultação, quando não queremos ser vistos.

O instrutor de patrulha Christian Larsen ensina ainda que a camuflagem é a habilidade de se esconder no ambiente, segundo ele, é dividida em duas áreas de interesse. O autor, no entanto, atribui nomes e definições a estas áreas diferentes do que acreditamos ser adequado. Larsen chama cobertura o que chamamos de abrigo e simulação o que chamamos de cobertura. Achamos oportuno alertar o leitor sobre este tipo de diferença, pois, é comum observarmos algumas escolas que são verdadeiras "colchas de retalho", assimilando parte de uma doutrina e misturando-a a outras. Interessante se ter uma doutrina semi rígida, ou seja, passível de mudanças, mas que tais mudanças demandem uma análise criteriosa para ocorrer. Na realidade a palavra "doutrina" é muito pesada para admitir algo como um emaranhado de "pedaços de doutrinas", portanto o que chamamos de "colcha de retalho" seria melhor descrito como ausência de doutrina.

Aproveitamos para lembrar que de pouco ou quase nada adianta camuflar seu corpo, e esquecer seu equipamento. A camuflagem tem que ser completa, englobando corpo e equipamento. Larsen finaliza o capítulo sobre camuflagem de seu livro com o seguinte parágrafo, muito apropriado para nós:

> "Lembre-se, camuflagem é uma forma de arte – a importância dela é geralmente aumentada com o advento de mais equipamentos ópticos sofisticados disponíveis. A criatividade deve ser estimulada, mas como em tudo na vida, seja moderado."

No livro "A História Secreta das Forças Especiais[20]", existe um capítulo com o título "Ver sem ser visto: a busca da informação em profundidade", onde o autor afirma que "uma patrulha, em razão de sua discrição, será (...) capaz de estabelecer uma permanência na coleta de informação, qualquer que seja o objetivo (...) independendo de condição meteorológica favorável." Mais a frente no texto, continuando com a comparação entre ações humanas em missões de reconhecimento em relação aos VANT[21], afirma que "a capacidade de iniciativa e a rapidez de reação são duas outras vantagens da ação

---

[20] Éric Denécé. A História Secreta das Forças Especiais, de 1939 a Nossos Dias. Tradução Carolina Massuia de Paula. Larousse. São Paulo. 2009.

[21] Sigla que significa Veículo Aéreo Não Tripulado. Pode também ser utilizado o termo Drone.

humana" e "outro trunfo considerável: a discrição". É impressionante como na atividade policial acabamos por negligenciar alguns conhecimentos e princípios militares tão básicos e que nos fazem tanta falta. Estratégia de ação indireta, operações psicoinformativas, o conceito de Guerra da Informação (IW – *Information War*) do Gereral Fogelman e a própria teoria dos conflitos assimétricos, entre tantos outros conceitos que poderiam ser aplicados para redução de risco, falhas e perdas humanas nas ações policiais, mas que simplesmente são esquecidos E muitas vezes, o que é pior, por simples arrogância. Volto a afirmar, nós, policiais temos muito a aprender com a teoria militar e com os militares. Passa da hora de "descermos do salto" e assumirmos aquilo que as forças armadas têm a nos ensinar, principalmente nos assuntos relativos a planejamento operacional, logística e algumas técnicas e táticas individuais e coletivas aplicadas a serviços policiais específicos, como, por exemplo, a conduta de patrulha em ambiente rural.

De modo geral, procure ter consigo equipamentos de camuflagem que sejam, sobretudo, versáteis, podendo ser empregados em vários tipos de ambiente com, no máximo, algumas poucas adaptações. Sobre os sofisticados equipamentos óticos disponíveis, lembramos que qualquer um pode adquirir, por exemplo, EVN's[22], binóculos de longo alcance e lunetas para fuzis com muita facilidade em cidades paraguaias e argentinas, fronteiriças com o Brasil, ou até mesmo em nosso país, em algumas lojas isso é possível. Não pense que a criminalidade não está buscando novas tecnologias e instrumentos que otimizem sua atividade, isto seria um erro grave. Lembre-se sempre da máxima militar: busque ver sem ser visto.

3.2 - Indicativos de alvo

O policial deve atentar para detalhes e se concentrar na disciplina de luzes e sons. Quando envolvido em operações ou situações de baixa visibilidade, deve atentar para o fato de que indicativos de alvo são uma via de mão dupla. Tudo o que pode indicar a presença de ação criminosa em determinado local pode, de maneira inversa, transformar o policial em um alvo. Uma lanterna acesa em momento inadequado pode denunciar a posição de uma equipe, atentando contra a segurança dos seus integrantes. Um cigarro aceso, seja pela brasa, seja pela fumaça e odor, um bip de relógio, moedas no bolso, equipamento mal ajustado, mochilas batendo como "chocalhos", brilho de

[22] Sigla que significa Equipamento de Visão Noturna.

acessórios como relógios (Figura 12), colares, anéis etc. Enfim, qualquer detalhe esquecido pode rapidamente se voltar contra a equipe. Por outro lado, o policial deve estar treinado para aproveitar estes "vacilos" quando cometidos pelos criminosos, ganhando em eficiência e superioridade relativa, através do sigilo e da surpresa.

Para auxiliá-lo em seu trabalho, o policial deve sempre trazer consigo, dois tipos de lanterna: a tática e a velada. A primeira deve apresentar algumas características desejáveis como foco dirigido e uma quantidade de lumens acima de 80, de preferência na faixa de 130 ou mais, tamanho reduzido, botão de acionamento traseiro e presença de anel de borracha que possibilite empunhadura tipo cigarro. Já a lanterna velada, deve ser discreta e pode ser inclusive, obtida através de meios de fortuna e improvisação (Figuras 8 e 9). Existem modelos de lanterna mais recentes que aliam três pontos interessantes no mesmo equipamento. Elas possuem uma regulagem que permite ao policial regular a intensidade luminosa num espectro que varia de 9 a mais de 200 lúmens, além de permitir o uso do estroboscópio, um recurso interessante em determinadas situações, que serão estudadas amiúde mais adiante. É importante que o policial tenha em mente a necessidade de sempre dobrar os meios a sua disposição. Lembre-se: "quem tem dois tem um, e quem tem um tem nenhum." Portanto, devemos ter sempre conosco uma lanterna sobressalente, além de baterias ou pilhas também. Lembramos ainda que as lanternas táticas modernas possuem sistema de controle digital de luminosidade que proporciona a manutenção das características do equipamento. Entretanto, a lanterna deixa de funcionar sem "dar avisos", ou seja, simplesmente apaga sem que antes tenha reduzida a luminosidade.

O uso de lanternas veladas é de grande importância na manutenção da denominada "disciplina de luzes", principalmente quando estamos em ambiente rural. Nestas situações, caso estejamos atuando de acordo com uma conduta de patrulha, recomenda-se que somente o "ponta" ou aqueles envolvidos com a orientação e navegação no terreno utilizem uma lanterna velada (Figura 8). O uso do filtro vermelho é recomendado, pois a luz nesta cor apresenta a importante capacidade de preservar a visão noturna em situações de pouca luz. Ocorre que as células bastonetes do olho humano (explicaremos detalhadamente mais adiante, no capítulo referente á fisiologia da visão em baixa visibilidade) não são sensíveis ao vermelho. Classificada como cor quente, seu comprimento de onda é da ordem de 625 a 700 nanômetros (nm).

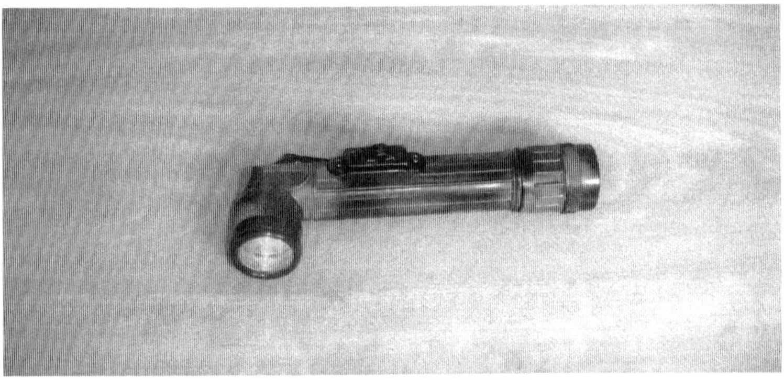

Figura 8: Lanterna tipo "cotovelo", camuflada e com filtro de luz velado cor vermelha.

Existem várias formas de se improvisar uma lanterna "velada". Uma das mais práticas consiste em tapar a parte frontal da lanterna. Para tanto podemos utilizar fita isolante. Após tapar completamente a lente é só efetuar um pequeno furo, um orifício por onde uma pequena quantidade de luz irá passar. Esta pequena quantidade, contudo, é o suficiente para, em condições de ausência de luminosidade, proporcionar a execução de pequenas mas, nem por isso, menos importantes, tarefas. Leitura de mapas, bússolas e checagem de equipamentos são alguns exemplos.

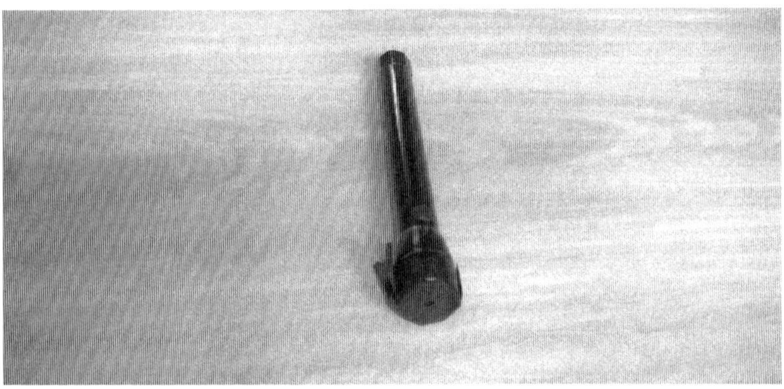

Figura 9: Lanterna comum de nitrolon transformada em lanterna velada com utilização de "papel contact" com pequeno orifício.

Em casos extremos, caso não conte com algum material que possibilite a confecção de um filtro improvisado, pode-se simplesmente utilizar as mãos. Tapando-se completamente a saída de luz. A luminosidade difusa restante será suficiente para proporcionar a realização de algumas tarefas, sem quebrar a disciplina de luzes.

Na Figura 10 mostramos um exemplo que representa a luminosidade proporcionada por um relógio. O exemplo mostrado consiste em um exagero, mas serve para nos lembrar de como a tinta luminescente presente nos ponteiros e demais partes de um relógio podem denunciar uma posição e possibilitar a identificação visual de um alvo, no caso o alvo pode ser o policial.

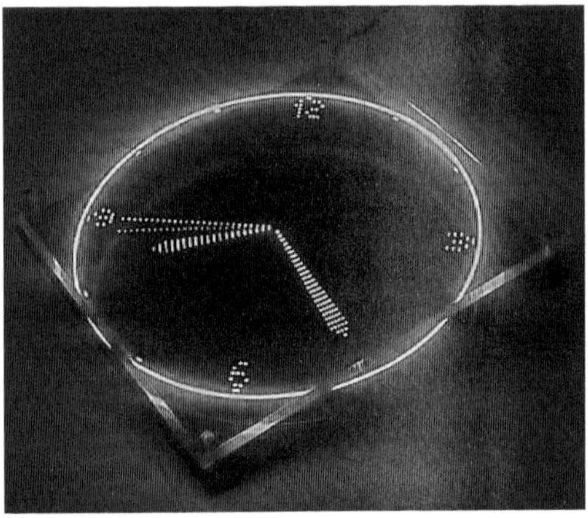

Figura 10: relógio brilhando no escuro.

3.3 - Horizonte perigoso

O conceito original de Horizonte Perigoso está atrelado principalmente a situações de patrulha rural. Ocorre quando alguém se desloca em uma cota (elevação) do terreno com vegetação rasteira, ou mesmo sem vegetação ou qualquer outra forma de "barreira" à iluminação natural, quebrando a silhueta humana. Deste modo, a pessoa fica exposta, pois, atrás dela encontra-se o horizonte, isto é, fica como que "emoldurado" em uma paisagem. Contudo, o conceito de Horizonte Perigoso pode ser estendido a outros tipos de ambiente, além do estritamente rural, por analogia. Dizemos, portanto, que quando um policial está inserido em um cenário no qual o "fundo" o evidencia, que o mesmo está em condição de "horizonte perigoso". Portanto, ao procedermos esta analogia, estendemos o conceito para situações urbanas, onde o firmamento é substituído por edificações de coloração clara, por paredes e muros. Desta forma, buscando colocar as forças policiais em situação tática de inferioridade, alguns grupos de traficantes têm mandado pintar de branco vários muros e paredes externas de residências em áreas urbanas superpovoadas, as vulgarmente chamadas "favelas" de grandes cidades como Rio de Janeiro e São Paulo. Desta maneira eles buscam simular uma situação de "horizonte perigoso" para os policiais que estejam incursionando por estas áreas, haja vista, principalmente, que tropas como o COT da Polícia Federal, a CORE da Polícia Civil e o BOPE, da Polícia Militar do Rio de Janeiro utilizam, ainda, uniformes pretos em operações urbanas. Neste ponto, percebemos que o GATE da Polícia Militar e o GER da Polícia Civil de São Paulo utilizam uniformes mais adequados para determinadas operações urbanas, haja vista que o do primeiro é o camuflado urbano e o do segundo é de um tom verde acinzentado. Pelo menos essa é a realidade até o momento da publicação deste livro, havendo previsão para a adoção de outras cores pelo COT, BOPE/RJ e CORE.

Figura 11: policial com uniforme preto fica evidente com parede de coloração clara na sua retaguarda.

3.4 - *Funil fatal*

O nome "Funil Fatal", também conhecido como "Cone da Morte" descreve uma situação tática de extremo perigo, comprometendo o primeiro princípio a ser observado nas Operações Policiais, qual seja, o da segurança. O nível de risco pode ser facilmente observado no próprio nome que descreve tal situação. Em suas duas versões refere-se a um evento com possível conseqüência desastrosa. Pode ocorrer basicamente de duas maneiras, uma "natural" e outra induzida. Esta, por sua vez, ocorre quando um policial acende uma lanterna, uma luz ou mesmo abre uma janela ou porta por onde entra claridade suficiente para evidenciar um outro policial que está "emoldurado" ao encontrar-se em um ambiente com pouca luminosidade a sua frente, mas com luz à sua retaguarda (Figura 13). Para piorar ainda mais a situação, quem acaba sofrendo as conseqüências não é o policial que cometeu o erro, mas sim um companheiro de equipe. Justamente por isso que pensamos ser preferencial uma equipe regular com bons integrantes do que uma equipe excelente com um integrante problemático. É o que se denomina "Lei do Mínimo", ou "Lei de Liebig23", ou seja, a característica que determinado sistema possui de oferecer o melhor resultado de acordo com o elemento mais limitado que compõe o sistema. A outra hipótese, que chamamos "Funil Fatal de ocorrência natural", ocorre quando o policial adentra um local com baixa intensidade de luz a sua frente, mas com alta intensidade luminosa na sua retaguarda (Figura 12), ficando "emoldurado" pela luz sem que tal ocorrência seja resultado de uma conduta equivocada de alguém. Adotando-se alguns procedimentos simples este problema pode ser facilmente sanado, como veremos quando do estudo dos 10 Princípios do Combate em Baixa Luminosidade, mais adiante.

[23] Justus von Liebig (1803-1873). Famoso cientista alemão, professor da Universidade de Giessen. Após a 2ª Guerra Mundial, a universidade passa a se chamar Justus Liebig University e seu antigo departamento é transformado em Museu, um dos mais importantes até hoje. Justus von Liebig é chamado o pai da agricultura moderna. A Lei de Liebig – lei do mínimo - é ensinada aos estudantes de agronomia em todo o mundo. Nela, o crescimento das plantas é determinado pelo elemento presente no solo na mínima quantidade adequada, de maneira mais simples (fonte: www.consciencia.net).

Figura 12: Policial adentrando em recinto com pouca luminosidade a frente e muita luminosidade a retaguarda, evidenciando o efeito de Funil Fatal.

Na situação descrita na Figura 13, existem duas atitudes a serem tomadas. A primeira é comandar que o policial que acendeu a lanterna apague-a, a segunda, geralmente mais adequada, consiste no acionamento da lanterna pelo policial que está emoldurado, de forma a equilibrar a quantidade de luz à sua retaguarda com a luz à sua frente.

Figura 13: policial acende lanterna nas costas do seu parceiro, criando uma condição de "funil fatal" induzida.

3.5 - Outras considerações

No treinamento em baixa visibilidade devemos estar atentos ao fator mobilidade. Estudaremos mais adiante os três "F's" utilizados pelos policiais norte americanos, "flash, fire and flyght", ou seja, ilumine, atire e "vôe", quer dizer, mova-se. Portanto, durante o treinamento devemos imbuir o policial da necessidade de aplicar no desenvolvimento de seu trabalho o conceito estratégico militar de manobra, consistente na somatória de fogo e movimento. Sempre que utilizar sua arma de fogo lembre-se que, além do estampido, do barulho provocado pelo disparo, existe ainda a formação da "língua de fogo", provocando um clarão que, dependendo das condições e do conjunto armamento e munição utilizados, pode ser visto a centenas de metros de distância. Este fenômeno é conseqüência natural da queima do propelente utilizado nos cartuchos, ou seja, a pólvora. No caso, a maior parte das chamas que saem pela boca do cano consiste em pólvora em combustão que é expulsa em decorrência do aumento de pressão no interior da câmara. Quando, por exemplo, estiver utilizando um fuzil calibre 5,56 com cano menor do que 15 polegadas, como é o caso do Colt Commando (10,5 polegadas) ou do HK-CV (10,5 polegadas), com munição convencional, seja ela uma SS-109, M193 ou a PSP, observe o efeito na boca do cano deste equipamento. Principalmente no fuzil HK-CV, onde forma-se uma "língua de fogo" de mais de 40 centímetros. Este efeito pode ser reduzido adquirindo-se um "quebra chamas" ou "compensadores" mais desenvolvidos, como, por exemplo, os utilizados nos modelos KV (cano de 14,5 polegadas). Deve-se tomar cuidado com compensadores do tipo "vortex", principalmente porque a sua principal função não é reduzir a quantidade de pólvora em combustão que sai da boca do cano do armamento, mas sim realizar uma compensação em relação ao "torque" da arma, provocado pela passagem forçada do projétil pelo raiamento do cano. Esta, aliás, é uma das diferenças técnicas entre "compensadores" e "quebra chamas". Os primeiros tem função de equalizar e reduzir o efeito do torque, além de direcionar a onda de pressão que sai da boca do cano para cima, como forma de reduzir o ângulo de recuperação da arma e também a quantidade de poeira que é levantada do solo no caso dos tiros na posição deitado. Os segundos servem, principalmente, para reduzir a queima de pólvora a partir da boca do cano. Escolha o seu armamento para as operações noturnas e, de preferência, customize-o da melhor maneira. De qualquer maneira evite carregar seu equipamento com materiais desnecessários que somente servirão para aumentar seu peso e suas dimensões e reduzir sua mobilidade com o fuzil.

Luminescência

Sempre que se fala em lanternas táticas vem à tona, com freqüência o termo Lumens (símbolo "lm") e, com menor freqüência, o termo Candelas (Candles, em inglês, traduz-se como "velas"). O objetivo deste capítulo é justamente tecer breves comentários que auxiliem a elucidar, de maneira básica, despretensiosa, o assunto luminescência. Passaremos a estudar o conceito de Luz:

De acordo com o Manual Luminotécnico Prático[24]:

> "Uma fonte de radiação emite ondas eletromagnéticas. Elas possuem diferentes comprimentos, e o olho humano é sensível a somente alguns. Luz é, portanto, a radiação eletromagnética capaz de produzir uma sensação visual."

Segundo o Dicionário Brasileiro de Eletricidade[25], 'Fluxo Luminoso é a radiação total da fonte luminosa, ou seja, é a quantidade de luz emitida por uma fonte, medida em lúmens (unidade), na tensão nominal de funcionamento". De acordo com Marchiori (2005)[26], "é a potência de radiação total emitida por uma fonte de luz, ou é a potência de energia luminosa de uma fonte percebida pelo olho humano." O lúmen pode ser definido como o fluxo luminoso emitido segundo um determinado ângulo, a partir de uma fonte que irradia luz para todas as direções. Portanto, podemos dizer que, sendo o Lúmen a unidade de medida de Fluxo Luminoso em um determinado cone angular (1 esferorradiano [27]), equivale a dizer que o ponto luminoso emissor terá intensidade de 1 Candela, em todas as direções.

Segundo o Manual Luminotécnico Prático:

> "Se a fonte luminosa irradiasse a luz uniformemente em todas as direções, o Fluxo Luminoso se distribuiria na forma de uma esfera. Tal fato, porém, é quase impossível de acontecer, razão pela qual é necessário medir

[24] Manual Luminotécnico Prático. Osram. Fonte: www.osram.com.br.

[25] Associação Brasileira de Normas Técnicas – ABNT. Dicionário Brasileiro de Eletricidade: Conforme Normas Técnicas Brasil. Editora Cobri. São Paulo. 437p. 1986.

[26] Professora Jeanine Marchiori da Luz. Luminotécnica. Curso de Luminotécnica. PUC. Porto Alegre, RS. 2005.

[27] Unidade de Medida do Sistema Internacional de Unidades utilizada para quantificar ângulos sólidos, ou seja, aqueles que, vistos do centro de uma esfera qualquer, percorrem uma determinada área sobre a superfície desta mesma esfera.

> o valor dos lumens emitidos em cada direção. Essa direção é representada por vetores, cujo comprimento indica a Intensidade Luminosa".

A Intensidade Luminosa, por sua vez, é medida em Candelas (cd). Portanto, a Intensidade Luminosa é o Fluxo Luminoso irradiado na direção de um determinado ponto. Segundo Marchiori (2005), a Intensidade Luminosa é a potência da radiação luminosa numa dada direção. A intensidade luminosa é a grandeza de base do sistema internacional para iluminação (sua unidade é a candela – cd).

Tipos de Lanternas

"O dever principal da educação é de armar cada um para o combate vital para a lucidez."
(Edgar Morin).

Partiremos agora para a investigação acerca da pergunta número 7, ou seja, qual o equipamento mais adequado? Atualmente existe uma gama de tipos diferentes de lanternas, com funções variadas e características distintas. A cada dia surge um modelo novo, com vantagens agregadas em relação às lanternas de gerações anteriores. Geralmente, inovações tecnológicas representam custo mais elevado. Por isso mesmo pensamos que é mais importante focarmos em procedimentos. Preferimos, portanto, adequar a técnica correta ao equipamento disponível, pois nem sempre poderemos trabalhar com o ideal. Vejamos, então, quais são os tipos de lanterna mais comuns. Novamente deixamos claro que não é nossa pretensão esgotar o assunto, quanto menos descrever ou demonstrar todos os tipos de lanternas. Este capítulo é, pois, muito mais exemplificativo do que taxativo e trata de preparar o leitor para a demonstração de algumas técnicas recomendadas, o que buscamos fazer em capítulos mais adiante.

4.1 - Lanternas de botão deslizante

Foram as primeiras lanternas utilizadas no trabalho policial. Tiveram um uso muito difundido nas décadas de 50 e 60. Para estas lanternas Ray Chapman desenvolveu uma técnica específica, que será abordada mais adiante. Os maiores problemas desse tipo de lanterna são a ausência de foco dirigido, a baixa quantidade de lumens, a dificuldade de acionamento do botão deslizante enquanto a arma está empunhada e suas dimensões exageradas. Contudo, caso não haja outra alternativa, caso o policial não disponha de outro equipamento, é muito útil que saiba a técnica mais adequada para o uso deste tipo de instrumento. Lembramos ainda que essse tipo de acionamento tem voltado a ser utilizado em alguns modelos de lanternas táticas.

Figura 14: Lanterna com botão lateral do tipo deslizante.

- Botão tipo "plug lateral"

Este tipo de lanterna foi largamente difundido entre os integrantes de forças policiais mundo afora. No Brasil, até meados de 2004, era largamente utilizada. Entre outras, uma marca que ficou amplamente conhecida no universo policial foram as Mag-Lite. Elas podem ser de tamanho reduzido, cabendo na palma da mão, na forma de chaveiros ou mesmo lanternas grandes, com seis estágios (6 pilhas grandes). Podem ser utilizadas como bastões, no Combate Corpo a Corpo policial. Atualmente, existem modelos que são dotados de um punho transversal, dando à lanterna a função de uma tonfa (Bastão PR 24). Para este tipo de lanterna, o policial norte americano Massad Ayoob desenvolveu uma técnica específica de uso, a ser tratada no capítulo sobre técnicas de tiro em baixa visibilidade.

Figura 15: lanterna com botão lateral tipo "plug".

4.3 - Botão tipo "plug traseiro" ou tática

Este tipo de lanterna foi largamente utilizado a partir do ano de 1984, tendo sido encomendado pelo Departamento de Polícia de Los Angeles, EUA, por ocasião dos Jogos Olímpicos daquele ano. No Brasil, atualmente, algumas unidades policiais têm a disposição este tipo de equipamento, contudo, o preço ainda é fator impeditivo, tendo em vista, principalmente, que equipamentos de qualidade, via de regra, precisam ser importados. Para este tipo de lanterna, o fuzileiro norte-americano Michael Harries desenvolveu uma técnica específica de empunhadura, conhecida como técnica Harries. Ultimamente, com a queda no valor do dólar e a valorização do real e o aumento no número de empresas que concorrem no mercado, restou mais fácil a aquisição deste tipo de equipamento pelos policiais.

Figura 16: lanterna com botão traseiro tipo" plug".

4.3.1 - *Empunhadura tipo "cigarro"*

Este tipo de lanterna consiste na segunda geração de lanternas táticas. A presença de um anel de borracha no corpo da lanterna possibilita que se faça uma empunhadura do tipo "cigarro", onde a lanterna passa a ser acionada através do botão traseiro, pelo dedo polegar, e o corpo da lanterna fica preso entre os dedos médio e indicador, apoiado em três pontos, portanto. As primeiras lanternas com estas características foram as da marca Surefire, que possuíam lâmpadas de Xenon, com uma variação de 65 a 120 lúmens, em média. Para que se utilize este tipo de lanterna em conjunto com a pistola, Bill Rogers desenvolveu uma técnica que leva o seu nome, também conhecida como técnica Surefire, em homenagem à empresa que fabricou os primeiros modelos.

Figura 17: Lanterna tática com botão de acionamento traseiro e anel de borracha.

4.4 - Acopladas

Existe uma infinidade de tipos de lanternas acopladas, procuraremos mostrar algumas, suas vantagens e desvantagens. Cabe ao policial escolher a lanterna que vai utilizar, assim como, quanto ao tipo, se acopladas abaixo do cano, ou acima, do tipo *scout* ou mesmo as *bullpup*, posicionadas próximas à coronha do armamento. Abaixo exemplificamos algumas.

Figura 18: Lanterna tática com acoplamento tipo scout inferior, em fuzil M14 A4 equipado com supressor.

O acoplamento tipo *scout* é aquele feito na parte dianteira do armamento. Apresenta como principais características favoráveis a facilidade e velocidade de enquadramento e, como características indesejáveis, a dificuldade de direcionar a lanterna contra a face do infrator, com a visada estando contra o peito, quando montada na linha abaixo do cano, ou mesmo na sua lateral. Esta questão é parcialmente solucionada quando a montagem é feita na parte superior do cano. Contudo, apresenta o inconveniente de reduzir o campo de visão do operador.

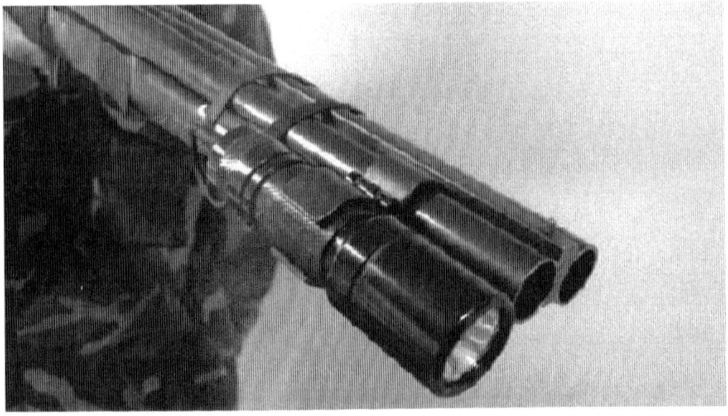

Figura 19: Lanterna tática com acoplamento tipo scout lateral em espingarda calibre 12 de 2 (dois) canos, com acionamento de empunhadura, vista lateral.

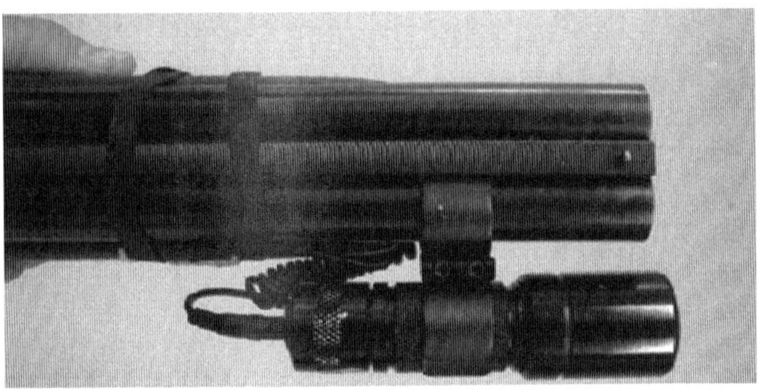

Figura 20: Lanterna tática com acoplamento tipo scout lateral em espingarda calibre 12 de 2 (dois) canos, com acionamento de empunhadura, vista superior.

A figura 19 nos trás uma das armas mais simples e rústicas já fabricadas. Trata-se de um modelo com cano curto, com possibilidade de somente dois disparos após os quais deve-se fazer uma recarga. Este tipo de arma é interessante para a defesa pessoal, sendo, contudo, limitado para o uso na atividade policial, onde deve-se dar preferência para os modelos de ação *pump* com possibilidade de carregamento com mais de 6 (seis) cartuchos. Aproveitaremos para tecermos alguns breves comentários acerca deste recurso: a espingarda calibre 12, ou como alguns preferem, 12 Gauge. Trata-se de um excelente equipamento, por diversas vezes incompreendido na sua magnitude por alguns colegas policiais. Vezes por culpa da falta de treinamento adequado, vezes por culpa da baixa qualidade de algumas armas adquiridas pelas corporações. A espingarda calibre 12 consiste em um dos armamentos mais versáteis à disposição das forças policiais no Brasil. Ela, mais do que qualquer outro armamento, traz consigo o significado do 11º Mandamento das Operações

Especiais, ou seja, a versatilidade. A espingarda calibre 12 pode ser utilizada com munição 3t (32 balins com diâmetro aproximado de calibre 22), SG (9 esferas com diâmetro aproximado de um calibre 38), balote (um único projétil com massa aproximada de 32 gramas); balote raiado, cartucho com chumbo de tamanho variável (no caso dos cartuchos com chumbo 9 a 11 possibilitam utilização em aberturas, já que possuem diâmetro individual menor do que 2 milímetros), munição menos letal de elastômero de variados tipos, munição de gás de jato direto, munição química explosiva, munição eletrônica (XREP – *Extended Range Eletronic Projetile*), entre outras. O que ocorre é que este tipo de armamento pode ser utilizado como arma letal, como instrumento de abertura tática, como lançador de granadas (desde que acoplado um bocal e utilizada munição de projeção), arma de menor potencial ofensivo de incapacitação ou de debilitação, entre outros recursos. Quando acoplamos uma lanterna tática na espingarda calibre 12, o que estamos fazendo é amplificar sua versatilidade nos dois extremos que este equipamento pode ser utilizado. Ela acaba se tornando mais eficiente no uso letal e, dentro do espectro de Uso Diferenciado da Força, acabamos por ter à disposição mais um instrumento que amplia o leque de possibilidades para o policial, que precedem o uso de força letal. Alguns doutrinadores e estudiosos do uso da força entendem ser necessário diferenciar os calibres de menor potencial ofensivo (menos letais) dos calibres letais. Dessa forma, haverá uma incompatibilização da calibre 12 com a munição de menor potencial ofensivo, ou vice-versa. Nossa posição é contrária a este pensamento. Achamos ser mais racional

concentrar esforços em padronizar procedimentos, através da elaboração e massificação de Procedimentos Operacionais Padronizados (POP's), consistentes e adequados para se reduzir a possibilidade de erro quanto a este tipo de situação. Pensamos que é mais interessante mantermos a versatilidade da calibre 12 (12 Gauge), concentrando esforços no treinamento e melhoria técnica dos operadores. Trata-se de um equipamento de baixo custo, extremamente versátil e absurdamente incompreendido por nossas polícias. A espingarda calibre 12 é, com toda certeza, uma das alternativas a serem consideradas quando falamos em instrumentalização e investimento em equipamento policial.

Voltando aos tipos de acoplamento de lanternas na espingarda 12 Gauge. O acoplamento nas partes superior e laterais do armamento apresenta, por um lado vantagens, mas por outro, desvantagens. Como observamos anteriormente, é interessante, do ponto de vista do quinto princípio do combate em baixa visibilidade, qual seja, o Princípio do Domínio com a Luz. Para o uso da lanterna tática com este intuito é importante um "desalinhamento" entre a visada (peito do alvo) e o ponto de foco da lanterna (face, mais especificamente, contra os olhos do cidadão infrator). Com as lanternas acopladas, este "desalinhamento" é comprometido. Na realidade, na maioria das situações ele é impossibilitado, a menos que a lanterna seja montada acima do cano, na parte superior deste, ou mesmo sendo montada abaixo do cano, que esteja direcionada para cima. Seria interessante, portanto, a preocupação de montar uma lanterna sobre um sistema regulável, que permita o ajuste da mesma para diferentes distâncias, processo semelhante à "clicagem" da mira do armamento. Depreende-se, portanto, que de acordo com o quinto princípio de combate em baixa visibilidade, a montagem da lanterna na parte superior do cano de armas longas, ou mesmo na lateral do cano, resolve parcialmente a questão do direcionamento do foco de luz contra a face do infrator.

Frisamos, novamente, que como desvantagem do acoplamento da lanterna na parte superior do cano do armamento longo, temos o fato indiscutível de que a presença da lanterna reduz perigosamente o campo de visão do policial. O sistema de trilhos e lanterna acaba por bloquear a visão de alguns ângulos, principalmente aqueles mais ao centro e abaixo do atirador. A lanterna posicionada na lateral do ferrolho das pistolas compromete a empunhadura, altera o balanceamento da arma e dificulta algumas manobras, possibilitando ainda, uma maior alavanca para que algum agressor tome a arma do policial. Contudo, o sistema denominado RLS (*Rapid Light Sistem* – sistema de iluminação rápida), desenvolvido pela empresa Safariland, apresenta várias vantagens. A principal é que proporciona, em um único equipamento, a condição de se ter uma lanterna com possibilidade de ser, ora utilizada acoplada à pistola, ora como lanterna de empunhadura. Além de que, quando do acoplamento, o atirador pode modificar o lado da lanterna em relação à arma com uma manobra simples e rápida, o que favorece a execução de algumas técnicas, como, por exemplo, o "fatiamento" para os dois lados.

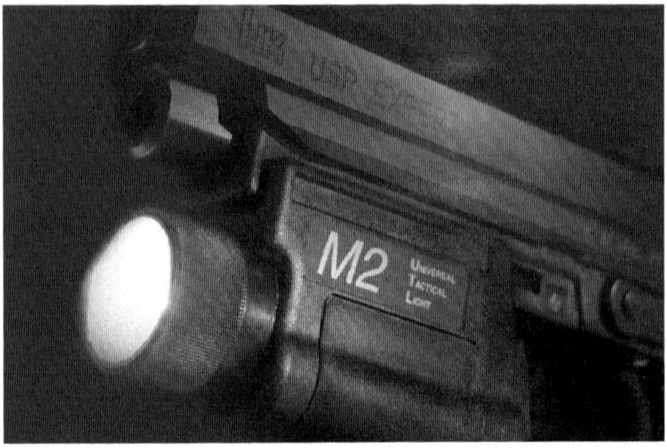

Figura 21: Lanterna tática acoplada em trilho na parte frontal inferior dianteira de pistola.

Uma das maneiras mais práticas e usuais de acoplamento de lanternas em pistolas é a visualizada na Figura 21. Note que existe um leve recuo em relação ao posicionamento do bulbo da lanterna e a ponta do cano da pistola, o que aumenta a vida útil da lanterna, entre outros fatores, já citados anteriormente.

Figura 22: Lanterna tática acoplada no "guarda-mão" (telha) de submetralhadora HK MP-5.

A Figura 22 mostra uma submetralhadora HK MP-5 com lanterna tática acoplada no guarda-mão do armamento. Apesar de ter um projeto que data da década de 50, desenvolvido pelo CETME, em Madrid e adquirido posteriormente pela lendária fábrica alemã, consideramos uma das melhores submetralhadoras do mundo, sendo insuperável quando comparada a relação custo/benefício com outras armas da mesma categoria. O SAT - Setor de Armamento e Tiro - da ANP - Academia Nacional de Polícia - utiliza em suas instruções algumas MP-5 que ultrapassaram a impressionante marca de 1.000.000 (um milhão) de disparos efetuados. Apesar de mostrarem uma incidência maior de pane em relação a modelos mais novos, adquiridos pela Polícia Federal, as armas ainda "dão conta do recado". Além da confiabilidade outro ponto que gostaríamos de ressaltar é a simplicidade do equipamento, a facilidade com que é feita a manutenção e limpeza, a precisão dos disparos e a estabilidade da arma, fruto de uma conjunção de fatores, entre eles o sistema de trancamento por roletes típico dessas armas.

Figura 23: Lanterna tática com acoplamento por trilho na parte dianteira inferior de pistola, ultrapassando o cano da arma.

Na Figura 23 podemos observar a montagem de lanterna acoplada à pistola, com projeção do corpo da lanterna à frente da boca do cano da pistola. Este tipo de acoplamento pode provocar um desgaste excessivo da lanterna, pelo simples fato do seu posicionamento avançado, expondo o equipamento a uma série de agressões físicas. Neste ponto, ocorre uma dissipação muito grande de gases, vapores resultantes do processo de combustão, resíduos de substâncias incombustas e outros materiais, como limalhas de metal provenientes da jaqueta das munições e do processo erosivo do cano. Tudo isso aliado ao fato da alta temperatura dos gases emanados e do efeito corrosivo dos resíduos de pólvora, gera um desgaste prematuro no equipamento.

Outro problema é que as dimensões do armamento são aumentadas ligeiramente, aumento este suficiente para provocar inconvenientes incidentes em relação ao coldre utilizado pelo policial. Em ambiente restrito, a situação toma proporções mais complicadas, visto que quanto maior o equipamento, mais espaço é necessário para que o policial manobre e se movimente, aumentando sua exposição. Além disso, submete o próprio equipamento a um processo abrasivo constante, resultado do atrito com quinas de parede, beirais de portas, móveis e outros. Este processo reduz ainda mais a vida útil do equipamento, além de facilitar o desarme do policial, por proporcionar maior alavanca. Existem, contudo, lanternas que são equipadas com espécies de ofendículos, tanto na sua extremidade como nas laterais. O objetivo destes ofendículos é justamente dificultar o desarme do policial.

Figura 24: Lanterna tática com acoplamento por trilho na parte dianteira inferior de fuzil. Fonte: www.surefire.com.

Observe no detalhe da Figura 24. Note que o policial, apesar de possuir lanterna acoplada ao corpo da arma longa, traz consigo outra lanterna de empunhadura, em sua mão fraca. Como vimos antes, as lanternas acopladas se prestam muito bem para alguns tipos de utilização, contudo, mostram-se limitadas para outros, por isso mesmo, mesmo tendo uma lanterna acoplada a sua arma, nunca dispense mais outras duas lanternas que sempre deverá levar: a lanterna tática de empunhadura e outra, menos potente, comum, utilizada nas varreduras e outros serviços que não estejam diretamente ligados à atuação tática. Dessa maneira você economiza as baterias de sua lanterna tática para a utilização realmente nos momentos em que se faz necessária. Atualmente, algumas lanternas de LED com regulagem de lumens variável tornam a terceira lanterna dispensável. A PD 20, da Fênix, por exemplo, proporciona uma regulagem que varia de 9 a 190 lúmens.

4.5 - Outras

A constante evolução dos equipamentos e das possibilidades de emprego tático a favor das forças policiais obriga o profissional de segurança pública a, constantemente, buscar conhecimento acerca de novas tecnologias, afinal de contas o conceito de policia moderna impõe, como mencionamos anteriormente, a busca pela profissionalização. O agente da lei deve, portanto, estar atento a estes detalhes e a estas inovações.

Veja o caso das lanternas táticas de terceira geração. Elas possuem botão de acionamento na parte superior do corpo de uma lanterna angular ou do tipo "cotovelo". Trata-se, portanto, de um híbrido das lanternas militares tipo "cotovelo" e as lanternas táticas de segunda geração. Possui empunhadura (grip) de borracha, clipe para acoplagem e saque rápidos, quantidade de lumens variável de 15 a 500, filtros de cores variadas, opção estroboscópio, regulagem de intensidade de potência e outros recursos, dependendo do modelo, como fiéis e camuflagem opcional.

4.6 - LED

O LED (Light Emission Diod), ou Diodo Emissor de Luz (DEL) funciona através do processo conhecido por eletroluminescência. Dependendo da sua constituição podem gerar luz de cores variadas, podendo ser amarela, vermelha, violeta ou mesmo ultra violeta. O LED de coloração branca que conhecemos são, geralmente, emissores de cor azul que recebem um tratamento com uma camada de fósforo (semelhante ao feito nas lâmpadas de fluorescentes), fazendo com que o mesmo absorva luz azul e emita luz branca.

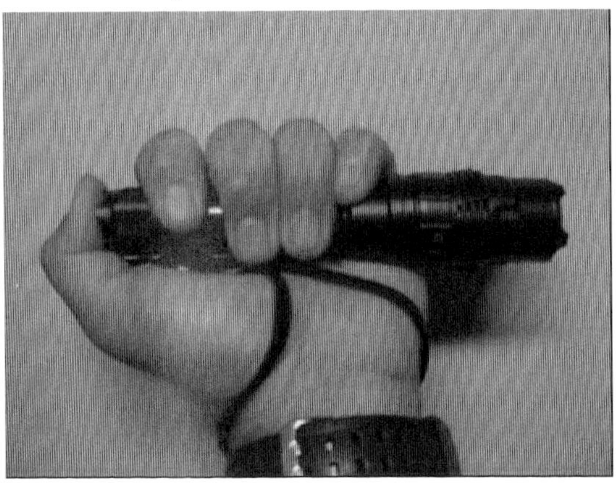

Figura 25: lanterna tática de LED, marca Fenix, modelo TA21.

Durante algum tempo, o LED não foi utilizado na confecção de lanternas táticas. Apesar de apresentar uma série de vantagens em relação às lanternas de Xenon, principalmente em relação ao consumo e à vida útil da lâmpada, as lanternas de LED não apresentavam foco dirigido, o que inviabilizava sua utilização tática. Contudo, após o desenvolvimento do sistema SPELEO, o qual consiste em um acoplamento de lentes na região posterior à lâmpada, no bulbo da lanterna, foi possível a obtenção de foco dirigido neste tipo de lanterna. Com isso, resolveu-se uma questão de relevância quanto à utilização de lanterna tática, relacionada ao seu custo de manutenção.

Mais recentemente, o uso do LED tem popularizado-se cada vez mais entre os policiais. Economia, foco dirigido após o desenvolvimento das lentes SPELEO, o fato da luz "fria" não esquentar demais o sistema, provocando queimaduras nas lentes e, como ocorre nas lanternas de "luz quente" ligadas por muito tempo, "fritar" alguns elementos constituintes do equipamento. Além disso, as lanternas de LED atuais apresentam alguns recursos importantes e de grande utilidade. A opção "estrobo", por exemplo. Nesta opção a lanterna funciona como um estroboscópio, emitindo luz em feixes intermitentes. Outra inovação que tem contribuído para o uso em escala cada vez maior das lanternas táticas de LED é a regulagem da intensidade de luz, propiciando que se tenha, atualmente, lanternas que variam uma intensidade luminosa que vai de 30 a 500 lumens. Isto proporciona ao policial maior flexibilidade operacional, dotando o equipamento lanterna tática de maior versatilidade, já que um único item constante na equipagem do agente pode ser empregado para os mais diversos fins, além da sua utilidade precípua, que é a finalidade tática.

As lanternas de LED são formadas a partir de uma quantidade variável de LED´s, podendo variar de um somente, a quantidades acima de 30 LED´s.

Figura 26: lanterna de LED tática, com o sistema SPELEO. Fonte: www.inovalights.com

A Figura 26 mostra uma das primeiras lanternas táticas de LED, trazendo o inovador sistema SPELEO, o qual possibilitou sua utilização com foco dirigido e, permitindo a confecção de variados modelos e tipos de lanternas de emprego tático.

4.7 - Porta lanternas, coldres, clips e fiéis

A utilização ou não de acessórios para as lanternas táticas depende de uma série de fatores. Treinamento, disponibilidade de equipamento, conhecimento e finalidade do uso são alguns deles. Portanto, considerar que é errado ou correto utilizar este ou aquele acessório é um tanto quanto ousado e por que não dizer, inadequado. Quando você estiver utilizando sua lanterna tática de empunhadura, em conjunto com sua pistola, significa que você está com as mãos ocupadas. Portanto, é fundamental que você consiga executar todas as tarefas essenciais ao uso da pistola, com a lanterna empunhada pela mão fraca. Caso contrário, você deve possuir um sistema que permita-lhe abandonar e recuperar sua lanterna o mais rápido possível. Você deve ser capaz de empregar as técnicas de Defesa Pessoal Policial com a lanterna empunhada, de preferência, utilizar a própria lanterna para executar tais técnicas. Para tanto é essencial o treinamento de técnicas de Kubotan, Koga e até Eskrima. Lembre-se do jargão no treinamento policial: "O que distingue o policial do cidadão comum é apenas um detalhe. Este, tanto quanto aquele, é capaz de executar tarefas simples, convencionais em situações também convencionais, contudo, o que os distingue é que o policial deve ser capaz de executar tarefas convencionais em situações nada convencionais, ou seja, em situações complexas." Por exemplo, qualquer jovem impúbere consegue, com alguns minutos de treinamento, executar uma tarefa tão simples quanto executar uma troca rápida de carregadores em uma pistola. Contudo, são poucos os homens que conseguem executar esta mesma simples tarefa em uma situação de troca de tiros real. A primeira é uma tarefa convencional em uma situação também convencional, a segunda, por sua vez, é uma tarefa convencional, contudo, em uma situação complexa. Com a lanterna tática na mão fraca você deve ser capaz de manobrar sua arma, sanar panes, desde as mais simples como uma chaminé, até uma pane complexa como um duplo carregamento. Tudo isso, lógico, sem acender a lanterna. Deve ser capaz de trocar de empunhadura, passando a lanterna para a mão fraca e a arma para a mão forte e vice-versa. Caso você utilize um porta lanterna você deve ser capaz de sacar sem olhar, da mesma maneira que deve ser capaz de levar ao porta lanterna novamente sua lanterna, sem olhar. Para quem carrega sua lanterna nos bolsos, uma boa opção são os clipes (Figura 27). Eles permitem que a lanterna esteja sempre no mesmo local, facilitando e agilizando o saque. Além disso, dão mais segurança e dificultam perda de equipamento. Todo isso sem, praticamente, interferir na empunhadura.

Figura 27: Lanterna Fenix L1D de 120 lumens e funcionamento através de uma pilha AA.

Os porta lanternas (Figura 28) são excelentes recursos e facilitam o adestramento do policial no seu saque. Podem ser de diferentes materiais. Contudo, sugiro que você dê preferência aos porta lanternas de polímero. Por dois motivos: eles favorecem o saque, por não terem aba protetora sobre a lanterna e o fato de que fica mais difícil um acionamento acidental, que nos materiais mais flexíveis, como Cordura e Nylon, pode acabar acontecendo. Por não apresentar aba de proteção, este tipo de porta lanterna termina por expor a mesma às intempéries como o sol e a chuva, além de proteger menos contra abrasão (esfregões em muros, poeira etc).

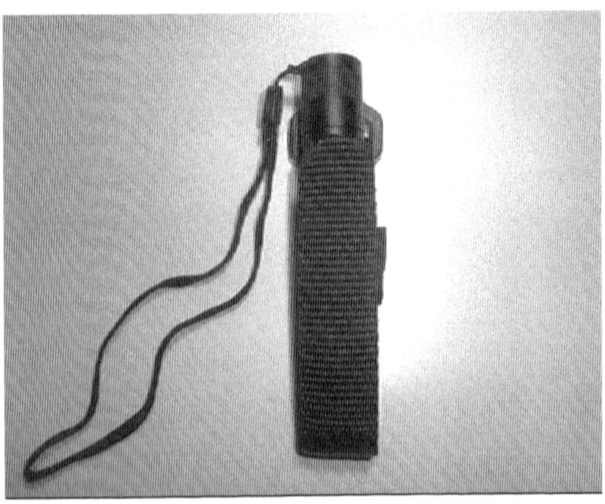

Figura 28: Porta lanterna de Cordura

O uso de fiéis (Figura 27) é um tanto controverso. Apresenta aspectos positivos e também alguns negativos. Basicamente, para quem é contra o uso deste acessório, o fiel limita a troca de empunhadura entre lanterna e mão que empunha a pistola. Pensamos que o fiel limita, mas não impede. Desde que o policial treine e regule adequadamente o fiel de sua lanterna, ele conseguirá, caso haja necessidade, trocar a empunhadura, sem fazer a troca de mão do fiel. Neste caso a mão que passa a empunhar a arma ainda está presa ao fiel e a lanterna já está na outra mão. Gera, ainda, uma pequena limitação da movimentação e manuseio da arma quando se está utilizando o fiel, mas nada que não seja resolvido com treino específico e adestramento. Quanto aos aspectos positivos, o principal deles é que o fiel permite ao policial rapidamente abandonar a lanterna em caso de necessidade (por exemplo, para sanar uma pane), possibilitando reavê-la a em suas mãos praticamente com a mesma velocidade. Outro fator que torna o fiel interessante é a possibilidade de o policial vir a perder sua lanterna após algum incidente (encontrão, tombo, ser alvejado, etc.), caso esteja com o fiel ele poderá recuperá-la rapidamente. Caso não esteja usando o fiel, em situação de baixa visibilidade, ficará difícil encontrar a lanterna.

O ajuste do fiel é essencial para que se obtenha todos os benefícios que este tipo de equipamento pode proporcionar ao operador. Um ajuste adequado é aquele que permite ao policial empunhar novamente uma lanterna com um movimento vigoroso de torção do punho, de maneira rápida e que não necessite outros ajustes de empunhadura. Para tanto, recomendo utilizar fiéis originais e de qualidade, do tipo que vem com dois botões de regulagem.

O material do qual o fiel é confeccionado pode ser de alta resisência ou de baixa resistência, dependendo dos objetivos. Os cordões de alta resistência visam que o policial mantenha a lanterna em situações de perigo, como as que desencadeiam técnicas de Combate Corpo a Corpo. Os de baixa resitência, por sua vez, visam justamente o oposto, que em situações extremas, seja fácil romper o cordão para alijar a lanterna (por exemplo caso alguém agarre o policial pela lanterna). Preferimos utilizar os de alta resistência, em situações de contingência utilizaremos os conhecimentos de Combate Corpo a Corpo, ou mesmo pode-se lançar mão de uma faca para romper o cordão, caso não seja possível simplesmente retirá-lo afrouxando os botões de regulagem. Por outro lado, na lanterna tática velada que você utiliza no dia a dia, dê preferência a um fiel de baixa resistência caso use para prender a lanterna ao passador da calça. Em caso de emergência você poderá simplesmente puxar até que o fiel se rompa, liberando a lanterna. Como é uma emergência, sua principal necessidade é ter a lanterna em condições de emprego o mais rápido possível.

Existem ainda outras maneiras de portar sua lanterna no dia a dia. Alguns policiais utilizam porta carregador duplo de perna, colocam em um compartimento um carregador de munições e no outro levam uma lanterna tática. No caso do uso ostensivo, outros preferem levar sua lanterna em um bolso específico do seu colete tático. A única ressalva que fazemos é que dependendo da maneira como o bolso seja confeccionado será impossível abri-lo sem fazer barulho, em algumas situações este pode ser um impecilho. Tratando-se de lanterna tática acoplada ao armamento curto, uma excelente opção é o uso de coldre próprio para lanterna. Existem algumas marcas que vendem este tipo de equipamento, tanto no mercado nacional quanto no internacional. A grande vantagem é que o policial pode coldrear sua pistola com a lanterna, assim como, por ocasião do saque, ter a certeza de que a lanterna já estará em pronto emprego, acoplada ao armamento. Além disso, é uma maneira segura de portar a lanterna acoplada, já que dificulta que se perca ou sofra desgaste por abrasão.

A Lanterna Tática e o Uso Diferenciado da Força

O uso de meios alternativos às armas de fogo é tendência reconhecida e incentivada, tanto internamente no ambiente policial, quanto externamente, estando previstas inclusive em atividades de segurança privada e presentes nas Resoluções 34/169 e 39/165 da ONU, ou seja, o Código de Conduta dos Encarregados da Aplicação da Lei (CCEAL, 1979) e os Princípios Básicos do Uso da Força e Armas de Fogo (PBUFAF, 1990), dos quais o Brasil é signatário. Ainda no escopo deste trabalho, observamos a importância de reconhecermos o uso de lanterna tática como um dos recursos de uso de força não letal pelas forças policiais, estando previsto na doutrina de forma geral, dentro do conceito de Uso Diferenciado da Força e, de maneira especial, no 5º Princípio do Combate em Baixa Luminosidade adotado neste trabalho e abordado abaixo.

De acordo com a doutrina de Uso Diferenciado da Força, os instrumentos de menor potencial ofensivo consistem em gênero que comporta três espécies, quais sejam, munições, armamento e equipamento. Dentre estes, podemos classificar a lanterna tática como um equipamento de menor potencial ofensivo. A sua capacidade de incapacitar momentaneamente um agressor, retirando dele o importante sentido da visão, aliado ao fator de atuar de maneira totalmente reversível, transformam a lanterna tática em um poderoso aliado no trabalho policial.

Com a publicação da Portaria Interministerial no 4.226, de 31 de dezembro de 2010, que versa sobre as diretrizes nacionais sobre o uso da força, fica reforçado o entendimento segundo o qual a Lanterna Tática integra o rol dos equipamentos de menor potencial ofensivo (Empo). O art. 1º de pronto faz referência ao Anexo I, ou seja, é lá que se encontram efetivamente as Diretrizes sobre o Uso da Força pelos Agentes de Segurança Pública.

> "Art. 1º Ficam estabelecidas Diretrizes sobre o Uso da Força pelos Agentes de Segurança Pública, na forma do Anexo I desta Portaria.

Parágrafo único. Aplicam-se às Diretrizes estabelecidas no Anexo I, as definições constantes no Anexo II desta Portaria."

Na sequência, o art. 2º vincula as agências de segurança pública que ficam submetidas à norma, ou seja, aquelas mantidas na estrutura da União. Através de uma portaria seria incoerente a tentativa de vinculação das agências estaduais, haja vista a previsão constitucional do pacto federativo. Entretanto, nada impede que o Governo Federal utilize políticas de indução a adoção das Diretrizes, através, por exemplo, do repasse de determinadas verbas preferencialmente às unidades que se disporem a adotar a Portaria no 4.226.

> "Art. 2º A observância das diretrizes mencionadas no artigo anterior passa a ser obrigatória pelo Departamento de Polícia Federal, pelo Departamento de Polícia Rodoviária Federal, pelo Departamento Penitenciário Nacional e pelo Força Nacional de Segurança Pública."

O Anexo II, que se trata na realidade de um glossário, define os equipamentos de menor potencial ofensivo (Empo) como sendo: "todos os artefatos, excluindo armas e munições, desenvolvidos e empregados com a finalidade de conter, debilitar ou incapacitar temporariamente pessoas, para preservar vidas e minimizar danos à sua integridade." Fazem, portanto, parte da espécie equipamentos (Empo) do gênero instrumentos (Impo), definidos como o "conjunto de armas, munições e equipamentos desenvolvidos com a finalidade de preservar vidas e minimizar danos à integridade das pessoas." Do raciocínio acima depreende-se que a Lanterna Tática integra o rol dos equipamentos de menor potencial ofensivo, se aplicando a ela, portanto, o disposto na Diretriz no 8, constante o Anexo I:

> "8. Todo agente de segurança pública que, em razão da sua função, possa vir a se envolver em situações de uso da força, deverá portar no mínimo 2 (dois) instrumentos de menor potencial ofensivo e equipamentos de proteção necessários à atuação específica, independentemente de portar ou não arma de fogo."

Dessa forma, fica garantida a obrigatoriedade de se proporcionar não somente o equipamento de menor potencial ofensivo, como ainda o treinamento específico para utilizar cada um deles, assim como procedimentos de habilitação e capacitação periódicos, nos moldes das Diretrizes nos 16, 17, 19 e 20:

> "16. Deverão ser elaborados procedimentos de habilitação para o uso de cada tipo de arma de fogo e instrumento de menor potencial ofensivo que incluam avaliação técnica, psicológica, física e treinamento específico, com previsão de revisçao periódica mínima.
>
> 17. Nenhum agente de segurança deverá portar armas de fogo ou instrumento de menor potencial ofensivo para o qual não esteja devidamente habilitado e sempre que um novo tipo de arma ou instrumento de menor

potencial ofensivo for introduzido na instituição deverá ser estabelecido um módulo de treinamento específico com vistas à habilitação do agente,

19. Deverá ser estimulado e priorizado, sempre que possível, o uso de técnicas e instrumentos de menor potencial ofensivo pelos agentes de segurança pública, de acordo com a especificidade da função operacional e sem se restringir às unidades especializadas.

20. Deverão ser incluídos nos currículos dos cursos de formação e programas de educação continuada conteúdos sobre técnicas e instrumentos de menor potencial ofensivo."

Acreditamos, por fim, que dessa forma ficará facilitado o acesso dos policiais à Lanterna Tática, assim como ao treinamento para sua utilização, proporcionando que este equipamento policial conquiste a posição de destaque que deve ocupar no rol das atividades policiais.

Na Figura 30 podemos observar a representação do efeito obtido com o uso da lanterna tática. O policial ganha tempo precioso enquanto o agressor tem sua capacidade debilitada pela ausência da visão provocada pelo efeito ofuscante da lanterna. Na situação hipotética, o agressor está armado com uma faca, o que a tal distância (menos de 7 metros), justificaria o uso da arma de fogo pelo policial. A situação, contudo, pode ter outro desfecho, com o efeito dissuasório da lanterna.

Figura 30: Policial domina agressor portando faca com o auxílio da lanterna.

Uma boa estratégia é potencializar o efeito de outros equipamentos de menor potencial ofensivo com o uso da lanterna. Nas Figuras 31 e 32 representamos a conjugação dos efeitos do bastão retrátil aliado à lanterna tática.

Podemos fazer o mesmo com o uso do bastão Tonfa (PR 24) e ECE´s (Equipamento de Condutividade Elétrica), entre outros.

Figura 31: policial utilizando o bastão retrátil.

Os efeitos são otimizados se o ambiente contar com pouca iluminação, a lanterna dispor de um módulo estroboscópico e, caso o policial tenha conhecimento de técnicas de Combate Corpo a Corpo, a utilização de bastões. Reforçamos, neste caso, a importância do treinamento e desenvolvimento de habilidades das mais variadas como utilização de agentes químicos, técnicas de verbalização, negociação preliminar e tiro.

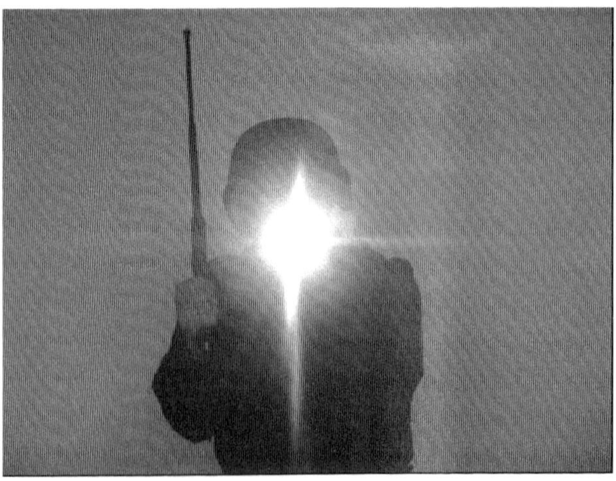

Figura 32: policial empunhando o bastão retrátil em conjunto com a lanterna tática.

Os Dez Princípios do Combate em Situações de Baixa Luminosidade

"Eu admiro aqueles que conseguem
sorrir com os problemas,
reunir forças na angústia,
e ganhar coragem na reflexão.
É coisa de pequenas mentes encolher-se,
mas aquele cujo coração é firme,
e cuja consciência aprova sua conduta,
perseguirá seus princípios até a morte."
Thomas Paine

Antes do início do estudo acerca deste tema, cabe ressaltar que a formulação dos Dez Princípios não significa a negativa de outros procedimentos operacionais que não estejam elencados nas páginas a seguir. Trata-se de um rol exemplificativo de técnicas, as quais foram elencadas de acordo com nossa observação, com base em um ponto de vista específico. Sempre que o observador é deslocado, muda, de alguma forma, a maneira com que o objeto é percebido. Sempre que o leitor discordar de algum princípio formulado por conta de possuir ele próprio outro, distinto do apresentado nesta obra, deve confrontá-los, elegendo qual deve ser considerado mais útil na situação prática. Caso não chegue à conclusão sobre qual princípio deve possuir maior peso, poderá, simplesmente, compor entre eles, utilizando tudo o que cada um apresenta de mais interessante. Não se trata, pois, de um Antes do início do estudo acerca deste tema, cabe ressaltar que a formulação dos Dez Princípios não significa a negativa de outros procedimentos operacionais que não estejam elencados nas páginas abaixo. Trata-se de um rol exemplificativo de técnicas, as quais foram elencadas de acordo com nossa observação, com base em um ponto de vista específico. Sempre que o observador é deslocado, muda, de alguma forma, a maneira com que o objeto é percebido. Sempre que o leitor discordar de algum princípio formulado por conta de possuir ele próprio outro, distinto do apresentado nesta obra, deve confrontá-los, elegendo qual deve ser considerado mais útil na situação prática. Caso não chegue à conclusão sobre qual princípio deve possuir maior peso, poderá, simplesmente, compor entre eles, utilizando tudo o que cada um apresenta de mais interessante. Não se trata, pois, de um conjunto de informações rígidas, imutáveis, mas tão somente tipos ideais que jamais são encontrados na realidade em sua forma pura. Portanto, os Princípios sobre os quais discorremos a seguir consistem tão somente em uma maneira didática de tratar o assunto da utilização da lanterna tática em situações policiais de baixa visibilidade. Eles não excluem outros. De modo simples e despretensioso, de acordo com doutrinadores como Dworkin[28] e Alexy[29], o que distingue os princípios das regras é justamente que aqueles "pesam", enquanto essas prevalecem. Significa dizer, segundo a tese da separação qualitativa, que é impossível o descarte de um princípio quando submetido à confrontação com outro, não havendo, pois, a submissão de um princípio a outro. Portanto, quando dois princípios entram em choque, devemos fazer um sopesamento, comparando elementos qualitativos entre os efeitos práticos da aplicação de um ou de outro princípio. Na atividade policial, quando um princípio conflitar com outro, você deverá tentar extrair o máximo de ambos. Quando, por outro lado, uma regra colide com outra, somente uma poderá prevalecer, por uma questão de lógica e de aplicação dos princípios do não contraditório e do terceiro excluído. Ao tratar dos princípios a relação é muito mais dialética do que técnica em si. Cabe, pois, a você policial ou agente da lei, eleger seus princípios de atuação em baixa visibilidade. O importante para nós é que esta escolha mantenha você vivo e o ajude a consolidar um envelope operacional consistente, reduzindo as possibilidades de ocorrência de dois tipos de eventos inter-relacionados e indesejáveis: o erro e o acidente. E é para isto que procuraremos provê-lo com elementos mínimos suficientes para que você possa realizar uma análise crítica, assim como aguçar um pouco mais sua percepção e estimular, cada vez mais, a busca de conhecimento através da autodisciplina. Este processo deve ser lento e contínuo, deve ainda perpassar a esfera de atuação individual, espalhando-se por toda a estrutura de segurança pública. Não é a toa que dentre os Princípios Éticos das Operações Especiais, um dos que mais nos

[28] Ronald Dworkin (11 de dezembro de 1931), norteamericano, filósofo e professor de Teoria Geral do Direito na University College London e na New York University School of Law. Considerado um dos filósofos do direito mais importantes da atualidade, conhecido por sua crítica ao Positivismo Jurídico.

[29] Robert Alexy (9 de setembro de 1945), alemão, sua teoria sobre direitos fundamentais busca descobrir estruturas dogmáticas, identificando quais princípios e quais valores foram codificados no texto legal. Segundo sua teoria a distinção entre regras e princípios repousa no fato de que aquelas são normas que podem ou não ser cumpridas, enquanto estes são apresentados como normas que ordenam, impondo que algo seja realizado na maior medida possível, mas dentro das possibilidades jurídicas e fáticas relacionadas ao caso concreto.

causam preocupação é a Fidelidade aos Princípios Doutrinários. O que dizer de uma unidade que não tenha doutrina consolidada? Ou o que dizer de um departamento de polícia que não apresente com clareza quais os Princípios Morais e Éticos devem ser seguidos pelos seus servidores? A busca pela profissionalização policial passa, obrigatoriamente pela fixação e assimilação destes conceitos por todos os seus integrantes.

Primeiro Princípio: Analise o ambiente!

Sempre que você entrar em um local onde haja uma condição de baixa visibilidade, faça uma leitura das condições de luz no ambiente. Este simples, porém eficiente processo mental de "leitura" proporciona ao policial uma diagnose dos pontos de maior perigo, tanto quanto dos locais mais ideais para se posicionar.

Antes de prosseguirmos, contudo, gostaríamos de lembrar ao leitor policial as escalas de atenção de Jeff Cooper[30], citado no livro *The Gun Digest Book*[31]. Segundo Cooper e seu código de cores, podemos estar em cinco estados diferentes de atenção, representados por cores distintas. A condição "Branca" significa que você está despreparado, você está com a "guarda baixa" e irá perder muito tempo para saber o que está ocorrendo de errado, para somente depois reagir. A condição "Amarela" significa alerta relaxado. De acordo com Massad Ayoob, na condição amarela:

> "Você não está checando os cantos com um periscópio, mas você tem consciência de onde você está e do que está ao seu redor. A qualquer momento você pode, de olhos fechados, encontrar uma saída e localizar objetos próximos que podem ser utilizados como abrigo. Você não precisa estar armado para estar na condição amarela, mas se estiver armado você deverá, obrigatoriamente, estar nesta condição mental".

A condição "laranja" significa um alerta não especificado. De acordo com o autor, "algo está errado, mas todos os detalhes não foram confirmados ainda. Agora você está focado e atento a qualquer variação sensorial e outros 'elementos de inteligência' que irão ajudá-lo a identificar o que está acontecendo de errado."

---

[30] Jeff Cooper é um fuzileiro naval, veterano da II Guerra Mundial. Estudioso do combate armado é referência mundial no estudo de armas e situações de confronto.

[31] Massad Ayoob. The Gun Digest Book of Combat Handgunnery. Sexta Edição. Gun Digest Books. New Hampshire. 2007.

Na condição "vermelha" significa que você está em um encontro armado. A ameaça foi identificada e é perigosa o suficiente para você sacar sua arma e "colocar o suspeito em sua alça de mira".

Finalizando, a condição "preta" significa que você está inserido em uma situação de risco máximo. O autor adotou a cor negra porque ela significa a presença de todas as outras cores. Por analogia você irá precisar de todo o seu conhecimento, habilidades e atitudes, aliados aos estados de atenção anteriores para permanecer vivo. A condição "Negra" significa que você está sob uma ameaça letal.

Por isso, costumamos dizer que um policial deverá estar sempre na condição "amarela", no mínimo. Para alguns leigos, seria um estado de paranóia[32]. Na realidade, o que as pessoas normais, digo, não policiais, chamam de paranóia é uma condição de alerta "amarela" constante. Mas é difícil explicar isso para quem não é policial. As pessoas sempre pensam tratar-se de exagero, acreditando ser paranóia o que chamo de "estado mental de sobreviência", ou seja, o desenvolvimento constante de "hábitos saudáveis". Para nós, policiais, é tão importante desenvolver estes "hábitos saudáveis" relacionados ao estado de alerta amarelo, como o é evitar o excesso de bebidas alcoólicas ou o fumo.

Figura 33: policial fazendo uso de lanterna em ambiente de baixa luminosidade.

É importante, para uma análise do ambiente com sucesso, que o policial esteja atento a fatores relacionados aos indicativos de alvo, camuflagem,

[32] Segundo o dicionário Michaelis: Psicose caracterizada por um conceito exagerado de si mesmo e idéias de perseguição, reivindicação e grandeza, que se desenvolvem progressivamente, sem alucinações (Psicose – Inquietação mental extrema de um indivíduo ou de um grupo social).

"funil fatal", gradiente de luz e adaptabilidade ao local, todos abordados anteriormente. Este processo de análise deve ser corriqueiro, fazendo parte da vida do policial, tanto em serviço, quanto na folga.

A análise do ambiente propicia ao policial a antecipação, tão importante à sobrevivência e a chave para ações ofensivas e defensivas, de busca da surpresa e de reação, quando não pode antecipar a situação e ele mesmo, foi pego de surpresa. Cumpre-nos a ressalva de que nenhuma reação é tão rápida quanto à ação, portanto, "a antecipação é a alma do negócio".

De acordo com Massad Ayoob, devemos manter sempre um processo mental de "escaneamento" do ambiente. Este processo faria parte do que o reverenciado autor chama de "Plano A", que significa perceber o perigo a tempo de evitá-lo, de flanqueá-lo. Mas nem sempre nosso estado de alerta condiz com a real necessidade do ambiente e podemos ter que partir para o "Plano B", que é o chamado "buraco", ou seja, um ponto a partir do qual não existe volta, que te "traga" para dentro da ação letal. A partir desse ponto, o policial conta exclusivamente com o preparo prévio, que, caso tenha sido suficiente, irá dotá-lo das ações reflexivas que permitirão aumentar substancialmente sua chance de permanecer vivo. Nesse momento, a aplicação do conceito de manobra deve ser total. Fogo e movimento, com precisão e agressividade e com o deslocamento para fora da "linha de ataque", buscando abrigar-se, neutralizando o agressor o mais rapidamente possível.

Não é de hoje que a capacidade de tomar decisões rapidamente é uma das características mais desejadas em policiais e militares integrantes de Forças Especiais. O agente da lei em geral deve possuir a capacidade de atuar, de acordo com a necessidade tática, ora como sensores (obtenção da informação), ora como processadores (tomada de decisão e sua implementação) e, principalmente, como atuadores (neutralização da ameaça). Para auxiliar na agilização do processo de tomada de decisão e na ação a ser desenvolvida, uma excelente ferramenta é o "Ciclo de Boyd[33]", ou "Ciclo OODA[34]"

---

[33] Coronel John Boyd (1927-1997). Piloto da Força Aérea norteamericana, consultor do Pentágono, sua doutrina influenciou fortemente as instituições militares, assim como o mundo dos negócios e os esportes. Apelidado de "Boyd 40 segundos", devido a sua incrível capacidade de, em manobras de combate, como instrutor de vôo, partindo de uma posição de inferioridade tática, era capaz de, em menos de 40 segundos, defender sua posição e reverter sua condição tática para uma de superioridade. Pessoa de hábitos espartanos e discurso contundente, era respeitado e admirado por seus colegas e alunos.

[34] Uma das teorias do Coronel John Boyd é o "Ciclo OODA". Trata-se de um ciclo de decisão, um processo que possibilita qualquer organismo racional (vivo – individual ou

(do inglês *observe, orient, decide, act* – observe, oriente-se, decida e aja). As ameaças potenciais somente tornam-se realmente ameaças quando "entram" na esfera de influência do agente da lei, o espaço físico que costumamos denominar "perímetro de segurança". Algo como a "Regra dos 21 Pés" que os americanos pregam ser a distância mínima que um policial deve manter de um suspeito por ocasião de uma abordagem. Em distâncias inferiores a 21 pés, ou seja, aproximadamente 6 metros, fica difícil um policial sacar sua pistola de um coldre e levá-la até a posição II (passível de iniciar a realização de disparos) e efetuar o primeiro disparo. A "Regra dos 21 pés" foi criada através da marcação de tempo entre a reação de um policial com a arma no coldre, em relação a um agressor com uma faca ou estoque nas mãos. Para o teste se utiliza um terreno que proporciona boa tração, que não seja muito liso, como pisos de cerâmica, nem muito "pesado", como areia fofa. Os pesquisadores do FSRC[35] mediram exaustivamente os intervalos de ação e reação em condições semelhantes. Entre outras coisas, o Centro documentou o tempo necessário para os policiais efetuarem 20 ações distintas que são comuns em encontros envolvendo uso da força letal. Entre outros fatores, a pesquisa obteve alguns resultados:

> "- A média de tempo gasto para os policiais reagirem, quando utilizavam um coldre com retenção Nível II e efetuar um único disparo em "visão secundária", ou seja, sem fazer visada, foi de 1,5 segundos. Adicione-se mais ¼ de segundo para o segundo disparo e mais 1/10 para se possibilitar efetuar a visada inicial para um "policial médio";
>
> - O policial mais rápido que participou do teste levou 1,31 segundos para reagir, utilizando um coldre Nível I e efetuar o primeiro disparo sem realizar visada ("tiro instintivo ou reflexivo"). O policial mais lento levou 2,25 segundos;

---

estrutura – organização) reagir a um evento. De acordo com suas idéias, o segredo da vitória é ser capaz de criar situações onde você seja capas de tomar decisões mais rapidamente do que seus oponentes. De acordo com Boyd nós estamos continuamente nos relacionando em um ciclo interativo com o ambiente. O processo pode ser dividido em quatro: Observação – coleta de dados através dos sentidos; Orientação – a análise e síntese de dados com vistas a formar uma perspectiva mental; Decisão – a determinação do curso da ação baseada na perspectiva mental formada; Ação – conversão da decisão em ações físicas. Fonte: www.wikipedia.org.

[35] Force Science Research Center, Universidade do Estado de Minnesota-Mankato. Fonte: www.forcescience.org

- Para a média dos policiais efetuarem o primeiro disparo "de emergência" (tiro instintivo ou de sobrevivência) utilizando um coldre Nível III foi de 1,7 segundos;

- A média dos suspeitos carregando uma faca pode sair de uma posição de repouso até a "distância mortal" (menos de 21 pés) em 1,5 a 1,7 segundos;

- Os mais habilidosos gastam 1,27 para efetuar a mesma manobra;

- Considera-se a distância mínima, portanto, para se efetuar uma abordagem, 21 pés."

Portanto, além de procurar manter a "Regra dos 21 pés", cabe ao policial buscar, através do "Ciclo de Boyd", avaliar, constantemente, o cenário e os "atores" envolvidos, seja nas atividades corriqueiras, seja quando temos definido o "teatro de operações", em ações pontuais. A sensação de movimento emitida pelo ciclo serve, entre outras coisas, para lembrar ao agente da lei que, muitas vezes, mais difícil do que conquistar uma posição de vantagem tática, é mantê-la. O primeiro passo do ciclo (observação) nos auxilia a sermos vigilantes quanto a este aspecto. A utilização do Ciclo de Boyd é particularmente interessante nas situações envolvendo compressão de tempo e conflito entre pessoas (competição inclusive).

Na teoria, as decisões podem ser tomadas de uma maneira mecânica, contudo, na situação prática, nosso cérebro buscará realizar "conexões paralelas", que encurtem o caminho entre a percepção a respeito do evento e a reação necessária. Existem alguns fatores que proporcionam ao agente da lei, em alguns momentos, a tomada de decisões quase que instantaneamente, o que se denomina "tirocínio[36] policial". Falamos sobre o tema anteriormente, ao estudarmos o condicionamento operante de Skinner e o condicionamento pavloviano.

Vencida a dificuldade inicial de se estabelecer uma ordem racional para a tomada de decisões, passaremos a cuidar da técnica de "escaneamento" pessoal. É comum ouvirmos instrutores das mais variadas academias de ensino policial e militar repetirem, em aulas de tiro ou de abordagem, que os policiais devem se concentrar nas mãos do infrator, afinal de contas, "mãos matam!". Ouvi isso incontáveis vezes e posso afirmar que se trata de uma "meia ver-

---

[36] Tirocínio – aprendizado/experiência, prática adquirida no exercício de uma atividade, ou necessária ao exercício de uma profissão / capacidade de discernimento. Fonte: www.dicionariodoaurelio.com.

dade", ou de uma verdade incompleta. Neste ponto, elucidativa a conclusão de Paul Howe[37], segundo o qual o agente da lei deve, inicialmente, procurar observar a expressão facial do cidadão, tentando manter o foco em seus olhos. Dizem que "os olhos são os espelhos da alma". A maneira com que uma pessoa olha para você pode dizer muito, sobretudo se você é um policial treinado para perceber variações sutis que denotam a intenção da pessoa. O segundo ponto a ser observado seria as mãos, por motivos que dispensam explicações. Na sequencia faremos a análise da região da cintura. A pessoa poderá estar com as mãos livres, mas possuir uma arma escondida na região da cintura (a mais provável) e sacá-la em um momento de distração, que muitas vezes pode ser provocado por terceiros ou por algum motivo fortuito. Finalmente, o agente da lei deve analisar o ambiente a sua volta. Pode ser que o infrator esteja atuando de maneira conjunta ou que existam outras questões que ameacem a segurança, como, por exemplo, o tráfego de veículos. Uma das primeiras preocupações dos instrutores de primeiros socorros é justamente ensinar o protocolo de abordagem a vítimas de acidentes, onde, primeiramente o socorrista deve se perguntar: o ambiente é seguro? Apesar de revelarem situações distintas, o raciocínio empregado é parecido, ou seja, antes de focar somente nas pessoas, devemos buscar as possíveis ameaças do ambiente.

Por abarcar uma série de outros princípios das operações policiais, como o da segurança e o da surpresa, consideramos o Princípio da Análise do Ambiente como verdadeiro "metaprincípio", pois dele derivam grande parte dos outros princípios, portanto válido para as demais ações policiais.

Segundo Princípio: Vá dos menores níveis de luz para os maiores!

Após a Análise do Ambiente (Primeiro Princípio) coloque em prática seus conhecimentos adquiridos ao longo dos anos de treinamento. Busque sempre ver sem ser visto, utilize as áreas escuras a seu favor. Lembre-se que o tempo médio para um homem médio enquadrar um alvo e efetuar o primeiro disparo são três segundos. Por isso costumamos dizer que seu "tempo na luz é igual ao seu tempo como alvo".

Compartimentos escuros são perigosos, tenha consciência disso e evite expor-se desnecessariamente. Procure você mesmo ficar em locais escuros e

[37] HOWE, Paul, R.. The Tactical Trainer: A Few Thoughts On Training Management From A Formed Special Operations Soldier. Authorhouse. 2007.

sempre que possível influencie seu alvo fazendo-o ocupar posições mais iluminadas. Esta atitude deve ser diariamente treinada, pois existe uma falsa sensação de segurança quando se está em um ambiente claro. Desde criança desenvolvemos medo do escuro e por mais que sua face infantil não incomode mais, o medo continuará presente de maneira velada, caso você não se condicione a buscar ambientes mais escuros. Veja mais sobre o assunto, no Capítulo intitulado "Psicologia do Comportamento Humano em Baixa Visibilidade", de autoria do psicólogo clínico Jacinto M. Neto.

Tenha cuidado com situações críticas, como, por exemplo, a mostrada na Figura 34, onde a presença de película nos vidros do veículo abordado dificulta a visualização em seu interior. Nestas situações, utilize uma lanterna com ventosa ou dê preferência a iluminar o vidro dianteiro lançando mão de uma técnica que mantenha a lanterna mais afastada do seu corpo, como por exemplo a FBI modificada. No párabrisa do veículo é proibido instalar película e, mesmo que tenha sido instalada, sua intensidade será menor do que nos vidros laterais ou traseiro. Lembre-se, neste tipo de situação você deve utilizar a lanterna para equalizar uma situação de desvantagem em relação ao abordado, que se encontra em situação de superioridade relativa pois, através de meio artificial, encontra-se em local menos iluminado, constituindo verdadeira afronta ao Segundo Princípio. Aja rápido utilizando todas as técnicas e meios disponíveis!

Figura 34: Instrução de abordagem noturna a veículo com película, com utilização de lanterna.

Dependendo da situação e do nível de risco, o policial poderá ainda lançar mão de algum artifício para quebrar o vidro ou mesmo realizar uma rápida abertura da porta, que nem sempre é a melhor opção, por expor-se demais. Ainda corre o risco de se deparar com uma porta trancada. Busque sempre uma localização protegida, utilizando os "ângulos mortos" e os pontos cegos de visibilidade no interior do veículo. Lembre-se que pode haver suspeitos no banco traseiro, cuidado com isso. Utilize como máxima: "ver sem ser visto!". Procure manter sempre um policial com uma arma longa, como um fuzil ou uma calibre 12 equipada com munição capaz de perfurar o bloco do motor, pois pode que se trate de veículo blindado. Mantenha, ainda, um policial com equipamento de menor potencial ofensivo em pronto emprego, pois pode haver resistência agressiva não letal. Sempre que possível utilize recursos que possibilitem imobilizar o veículo (Equipamento de Menor Potencia Ofensivo Anti Material), como "jacarés", "camas de faquir" e limitadores mecânicos. Evite se posicionar com o corpo à frente do veículo, pois você pode ser surpreendido com um movimento brusco e ser atropelado. Procure flanquear os abordados, ficando, sempre que possível, na lateral do veículo. O mesmo vale para a parte traseira, considere esta uma região perigosa pelos mesmos motivos.

Nas abordagens a veículos, tome cuidado com o reflexo dos vidros. Alguns equipamentos de ponta podem causar mais danos do que solucionar problemas. Pode ser o caso dos celibins portáteis, alguns com grande potência, na casa dos 5 milhões de velas. Caso o policial que esteja operando o equipamento não tenha experiência, pode utilizá-lo de maneira a provocar reflexo, cegando momentaneamente os integrantes de sua própria equipe, ou mesmo expondo-os demasiadamente em um tipo de "cone fatal".

Terceiro Princípio: Cuidado com a luz à sua retaguarda!

Depois de atravessar uma porta, mova-se para fora do "Funil Fatal" dirigindo-se para a parte mais escura. Sempre que estiver com algum foco de luz à sua retaguarda reavalie sua posição. Observe as Figuras 35 e 36 e note como o policial fica literalmente emoldurado pelo batente da porta, facilitando qualquer reação contra si. Permanecendo nessa condição, você será um alvo fácil, mesmo que continue se deslocando. Lembre-se que, muitas vezes, os policiais são treinados, erradamente, a sempre se deslocarem "para cima" de seus alvos. Essa situação é tão esdrúxula que já ouvi instrutores dizendo que "um alvo parado é um alvo fácil". Concordo, mas muitas vezes um alvo se movendo linearmente "para cima" de seu agressor é mais fácil ainda. Sinceramente não entendo como alguém pode ensinar esse tipo de coisa. A atividade de instrução é séria demais para ser levada a cabo por qualquer um, sobretudo se este "um" não tem experiência operacional suficiente. Outro problema é que, em nosso país, não temos disponibilidade, pelo menos para a maior parte dos policiais em treinamento, de equipamentos, como o *Simunition*, que dão mais realidade ao treinamento. Por isso percebo que, em alguns casos, existe um abismo entre o que é ensinado e a realidade. Penso que todo instrutor deveria ser obrigado a participar de operações e fazer verdadeiros estágios nas unidades operacionais. E mesmo aqueles lotados em tais unidades deveriam ser obrigados a efetivamente atuarem nas missões. Em muitos casos, os responsáveis pelo treinamento acabam absorvendo-se na atividade e deixando, paulatinamente, de ter contato com as operações. Em outros, de maneira trágica, simplesmente existem aqueles instrutores que possuem "super currículos", passando grande parte da sua vida profissional "garimpando" cursos e literalmente se escondendo atrás da figura de instrutor. Ao estreitarmos a distância entre operação e ensino, estaríamos mantendo a fidelidade entre treinamento e necessidade operacional. Toda vez que não atentarmos para a subordinação que deve haver entre o que se ensina e a necessidade operacional estaremos ensinando aos policiais técnicas que podem provocar a perda de sua própria vida. É a sinistra realidade do "quem sabe faz... quem não sabe ensina".

Figura 35: Policial "emoldurado" pelo batente de uma porta, em ambiente interior com pouca luminosidade e exterior iluminado

Por isso é de fundamental importância que, ao adentrar um recinto, você se desloque para fora do "cone fatal". Para isso, além de sair da moldura da porta, é importante que você se desloque para a lateral. Este também é um dos motivos pelos quais pensamos ser inadequada a doutrina que prega a "Ameaça Imediata" e "Áreas de Responsabilidade", ou seja, uma técnica de CQB (*Close Combat Battle*, ou Combate em Recinto Confinado) que ensina ao policial se deslocar para cima da ameaça, tão logo a mesma seja identificada, com vistas a neutralizá-la e a dividir o cômodo invadido em áreas distintas de responsabilidade. Por outro lado, preferimos seguir os ensinamentos de Paul Howe, através do princípio dos "Pontos de Dominação". Segundo Howe, os policiais, ao adentrarem ao recinto, devem buscar ficar alinhados, tomando uma posição que permita que os outros policiais que estão chegando adotem o mesmo dispositivo. Desta maneira, evita-se que somente um policial "feche" sobre o alvo, precipitando-se em relação ao restante da equipe. Os policiais abrem mão da superioridade numérica, adotando um dispositivo em coluna. De acordo com os ensinamentos do grande estrategista B. H. Liddel Hart, após um estudo sistemático sobre mais de 2000 batalhas na história da humanidade, a vitória, geralmente, fica do lado que consegue manter uma frente ampla e concentrada em relação ao oponente. Além disso, é de essencial importância a manutenção da capacidade de manobra e, nas posições defensivas, a priorização de uma defesa elástica em detrimento a uma posição defensiva estática. Do ponto de vista estratégico, pois, não há novidade na adoção da técnica de pontos de dominação de Paul Howe, já que busca sempre manter uma frente ampla (dispositivo alinhado em relação ao agressor) em detrimento de uma frente estreita (dispositivo em colunas em relação ao agressor), com concentração de ações por parte dos policiais, em detrimento da dispersão levada a cabo pela técnica da "Área de Responsabilidades". O maior samurai da história, Myamoto Mussashi, famoso por desenvolver um estilo de luta utilizando duas espadas e por enfrentar mais de um oponente em vários duelos, ensinou que o segredo para combater mais de um opositor ao mesmo tempo é posicioná-los em forma de colunas, de forma que seu oponente seja sempre um só, e que os outros estejam em fila indiana atrás dele. Por outro lado, caso os oponentes adotem um dispositivo em fileira, lado a lado, torna-se praticamente impossível a defesa.

Portanto, não fica difícil entender porque doutrinadores consagrados como Paul Rowe ensinam a agir em situação de CQB, adotando a postura de pontos de dominação em detrimento da área de responsabilidade (que acaba provocando a formação de uma "coluna" de policiais). Escolas respeitadas de

CQB como o HRT (Hostess Rescue Team, FBI), Força Delta (contra terror das forças armadas Norte Americanas), GSG9 (Alemanha) e SAS (Special Air Service britânico) têm substituído, paulatinamente, a idéia de "Ameaça Direta" e "Área de Responsabilidade" pelo de "Pontos de Dominação", utilizando-se táticas como "L" tático e alinhamento de atiradores (policiais). Portanto, "ir para cima" do alvo é uma postura que não pode ser regra, devendo ser adotada em situações específicas.

Figura 36: policial em posição 4 (engajado) "emoldurado" pelo batente de uma porta, em ambiente interior com pouca luminosidade e exterior iluminado.

As Figuras 37, 38 e 39 demonstram uma atitude mais adequada. O policial passa pela porta, não fica parado nela. Contudo, somente "passar pela porta" não é suficiente. É preciso que haja um deslocamento lateral, de modo que se aproveite a falta de luz no interior do cômodo para se otimizar o efeito de "cobertura pela escuridão". Caso o policial continue caminhando linearmente, para frente, adotando a postura conhecida como "Ameaça Direta", mesmo que o agressor esteja a vários metros de distância, continuará vendo, sem dificuldades, o policial emoldurado. Para aqueles que gostam de afirmar que o policial deve andar sempre "para cima do alvo", uma pergunta: quais os dois critérios para se analisar e proceder à escolha de alvos? Os critérios são distância e armamento. Devemos dar "preferência" para alvos mais próximos e com armas longas em relação àqueles mais distantes ou com armas curtas. E por que isso? Porque quanto menor a distância, maior o risco de morte do policial. A distância é inversamente proporcional ao risco de morte. E este aumenta em proporções geométricas em relação àquela.

Figura 37: policial se desloca do "cone fatal", saindo da "moldura", aplicando o Terceiro Princípio.

Significa dizer que quanto menor a distância, maior o risco. E o risco a dois metros é infinitamente superior ao risco que se corre a dez metros de distância, quando falamos de armas de fogo. Digo sempre que ensinar ao policial para sempre andar em direção ao alvo é o mesmo que ensiná-lo a fazer roleta russa. Dessa maneira brincamos com a vida alheia e participamos do que chamo de "rifa" da vantagem tática que o policial tem, a princípio, de estar mais treinado a acertar seu alvo a distâncias maiores do que o criminoso poderia fazê-lo.

Figura 38: policial se desloca do "cone fatal", saindo da "moldura", aplicando o Terceiro Princípio. Note-se o reflexo do óculos tático e o destaque do coldre e do cotovelo projetado para fora da área de cobertura.

Algumas instruções de táticas policiais, como patrulha e CQB tratam de conhecimentos e habilidades multi e interdisciplinares que visam à adoção de atitudes comportamentais desejáveis por parte dos alunos. Significa dizer que estas disciplinas devem estar integradas com as demais, consistindo em verdadeiro "ponto de encontro" de grande parte das técnicas ensinadas separadamente. Na Figura 38 vimos como a questão do ensino de técnicas de tiro inadequadas para o CQB influencia negativamente o desempenho operacional. No caso, o cotovelo levantado, do braço forte (que empunha a arma) fica exposto pela luz. Além disso, percebemos como é importante o treinamento utilizando o equipamento completo, já que altera sensivelmente a percepção espacial do policial, além de alterar seu equilíbrio e centro de gravidade. Quando equipado, o policial tem suas medidas alteradas, para mais. Fica mais fácil assim, bater contra paredes, portas e janelas, acionar interruptores de energia elétrica, esbarrar em objetos etc. Além disso, o sobrepeso proporcionado pelos equipamentos, desproporcionalmente distribuído pelo corpo do policial influencia em seu equilíbrio, alterando seu centro de gravidade. Ao se equipar com colete balístico, placas de cerâmica, carregadores sobressalentes, arma longa, capacete balístico, cinto operacional, entre outros, o policial tem deslocado seu eixo de equilíbrio, geralmente para a frente, o que facilita as quedas.

Figura 39: policial se desloca do "cone fatal", saindo da da "moldura". Percebe-se somente um pequeno reflexo provocado pelo óculos tático.

No caso da Figura 39, a postura do policial foi perfeita, contudo, a utilização de óculos tático sem o tratamento adequado das lentes proporcionou o reflexo, que permite a sua identificação.

Figura 40: policial adentrando em recinto fechado, fazendo uso da lanterna tática para equalizar a quantidade de luz às suas costas e à frente, reduzindo o efeito moldura e de "cone fatal'.

Pela mesma razão, nunca acenda uma lanterna nas costas de seu parceiro, o policial que está à sua frente (Figura 41). Aqui acaba valendo a máxima de que "o inocente pagará pelo pecador". Neste tipo de situação, quem comete o erro geralmente permanece vivo, quem morre é quem foi "denunciado" pela atitude irresponsável do policial que deveria estar protegendo sua retaguarda. Por isso, é extremamente importante e produtivo que este tipo de postura seja denunciada e discutida por ocasião do "debriefing" da operação, reunião de crítica onde devem ser apontados todos os pontos positivos e, preferencialmente, os negativos da operação. O *debriefing* é uma reunião linear, horizontal, sem hierarquia e onde todos devem se sentir à vontade para colocar suas posições, sem medo de melindres ou represálias. Deve-se deixar de lado a vaidade, tão presente nos grupos de operações especiais e lembrar que um pouco de humildade ajuda a manter sempre uma ascendente no quesito técnica do grupo. A arrogância, assim como a ignorância, mata.

Figura 41: policial aciona sua lanterna tática nas costas de outro policial, colocando-o em uma situação de "cone fatal" induzida.

Quarto Princípio: Veja sob o ponto de vista do cidadão infrator!

A 5º lei da Guerra na Selva ensina aos mais atentos: "Combata com inteligência e seja o mais ardiloso". Ardil significa astúcia, armadilha, sagacidade, estratagema (militar: objeto ou estratégia utilizada para atrair uma presa ou inimigo). Para isto é importante que o policial analise sua posição continuamente, de maneira crítica. No filme "Eu, eu mesmo e Irene", o personagem do ator Jim Carrey, a certo momento diz que "um avestruz com a cabeça no buraco não serve para ser um policial". É impressionante como muitos policiais nem se dão conta disso. Já falamos sobre as escalas de atenção de Cooper, seu código de cores. Falamos, ainda, que todo policial deve se manter na "Condição Amarela". De acordo com os dados compilados nos relatórios LEOKA, dos últimos 15, menos de 1% dos confrontos que envolveram policiais norte americanos, provocando suas mortes, ocorreram de forma inopinada. No restante, mais de 99%, houve alguns indícios e "avisos" que, caso tivessem sido observados, poderiam ter proporcionado ao policial se antecipar à ação criminosa. Como sabemos, antecipação é a "chave do negócio" e, quando falamos em confrontos armados, a ação reativa é muito mais difícil do que a ação proativa. Agir é melhor e mais rápido do que reagir. O instrutor do Curso de Combate com Facas do Exército Brasileiro, Coronel Campoi, costuma dizer, durante as suas instruções, que nenhuma reação é tão rápida quanto a ação.

O Quarto Princípio (Ver Sobre o Ponto de Vista do Infrator) deve ser observado de maneira solidária ao 1º Princípio (Analise o Ambiente). Portanto, visualize o cenário sob o ponto de vista de qualquer ameaça no ambiente. Dessa forma, você poderá se antecipar, tomando a atitude mais eficaz para se sair bem de um confronto: não entrando nele! Ou seja, evitando que o mesmo ocorra. Caso não seja possível não se inserir no confronto, você terá a seu lado os dois elementos mais importantes: antecipação e tempo.

O leitor já deve ter percebido que não estamos falando somente de confronto em baixa visibilidade. Pensamos ser impossível tratar de um assunto que envolve situações variadas, complexas e "vivas" de maneira tão estanque e simplória. A palavra confronto muda todo o sentido da frase. O confronto é uma situação caótica, com interações constantes entre os elementos que o compõem. Seu estudo merece uma abordagem transversal entre todos os fatores que podem proporcionar sobrevivência. Portanto, não se trata de dizer: use esta técnica ou aquela, ou haja dessa maneira ou daquela, mas fornecer ao policial ampliar sua gama de ferramentas e atitudes para executar sua missão mais importante como policial: voltar para casa vivo!

Foi dito por Sócrates: "não há nada que o homem chame de virtude que não aumente com treino e dedicação". Fica claro, então, que não adianta somente o conhecimento teórico, se não houver treino correto, você não conseguirá adquirir a memória reflexiva (reflexos) adequados para a importante tarefa de sobreviver a um confronto armado.

Quinto Princípio: Domine com a Luz!

Dentre os dez princípios apresentados neste livro, este é o que está sendo mais discutido na atualidade. Isto porque, a aplicação deste princípio apresenta dois pontos interessantes. O primeiro é que o ofuscamento produzido no agressor proporciona ao policial tempo suficiente para reagir, efetuando o saque da sua pistola e disparando, se for o caso. O segundo é justamente o fato de que este ofuscamento momentâneo e a confusão mental que pode provocar, favorecem a utilização de técnicas não letais em detrimento do uso exclusivo da arma de fogo. Este é o principal motivo pelo qual inserimos a lanterna tática no rol dos instrumentos de menor potencial ofensivo. Além do que, estrategicamente é uma maneira de se conseguir induzir, através de políticas públicas, a aquisição deste tipo de equipamento por parte das instituições policiais. Por incrível que pareça, é bem mais fácil você utilizar um argumento que diz que tal ou qual equipamento é necessário para a atividade policial, pois irá reduzir a letalidade nas ações policiais do que dizer que é importante porque vai reduzir o número de baixa dos policiais em ação. Não tenho receio em dizer que existem mais entidades não governamentais pressionando e preocupadas com o primeiro problema.

Os efeitos fisiológicos da luz e o atordoamento provocado por técnicas como o uso do estroboscópio foram descritos no Capítulo referente à Fisiologia do Confronto em Baixa Visibilidade. Porém, não é em vão lembrar que, em condições de baixa luminosidade, ocorre dilatação da pupila, proporcionando maior aproveitamento da luz ambiente pela retina. A produção de rodopsina (substância responsável pela captação da luz, denominada fotossensível) aumenta também e o corpo tenta rapidamente se adaptar à condição de pouca luminosidade. Acontece que, caso propicie uma repentina exposição dos olhos a uma grande quantidade de luz, não há tempo para o organismo se adaptar e há uma grande "passagem" de energia luminosa pelo nervo ótico, o que o deixa "sobrecarregado", provocando dor e impossibilitando o agente de manter seus olhos abertos. É o que chamamos de ofuscamento da visão, que abre um gradiente de tempo no qual o agressor fica incapacitado de agir de maneira organizada. Muitas vezes, este gradiente de tempo é tudo o que o policial necessita para reagir, seja com força letal, seja com força abaixo do limiar da letalidade. Portanto, utilize a luz a seu favor, procurando sempre manter a lanterna focada nos olhos do oponente, como na Figura 42.

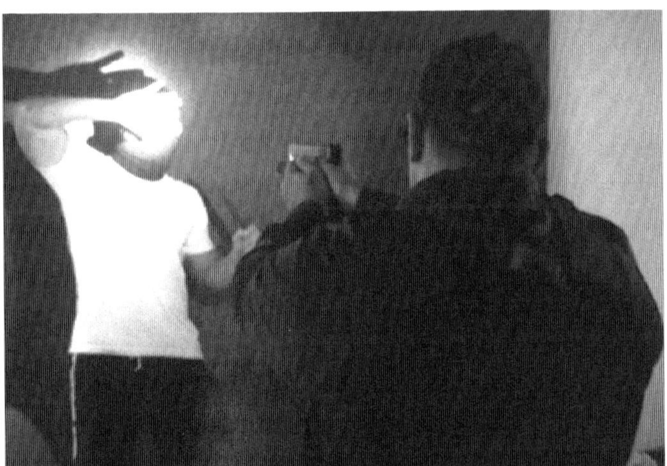

Figura 42: policial aciona sua lanterna tática contra a face do agressor com faca, que fica momentaneamente debilitado na sua capacidade de agir.

Perceba que há uma preocupação em se alinhar o foco da lanterna contra os olhos do agressor, enquanto a pistola permanece apontada para a região torácica do mesmo.

Sexto Princípio: Foco, Fogo e Fuga!

Engajar o alvo o mais rápido possível, efetuar o disparo e se movimentar. Neste princípio fizemos uma analogia com os três F´s apregoados na doutrina norte americana. *Flash, Fire, Fly*! Seria Ilumine, Atire e "Voe"! Neste caso preferimos manter os três "F´s", adaptando um pouco. Vamos considerar um a um, cada "F".

Foco. Acionar uma lanterna é algo realmente muito simples. Qualquer criança de dois anos de idade consegue ligar e desligar uma lanterna. É só apertar um botão. Por isso gostamos do termo "foco". Existe uma afirmação de John Maxwell em seu livro "Talento Não é Tudo[38]" que resume a importância do foco: "aquilo em que você foca se expande". O problema não é simplesmente acionar a lanterna, é fazê-lo de maneira rápida e precisa, direcionando-a exatamente onde se deseja (contra os olhos do agressor) e mantendo-a acesa por quanto tempo quiser, tendo a opção de religá-la novamente, quando desejar.

Fogo. Devo lembrar que precisamos estar aptos a executar a tarefa descrita acima empunhando uma arma que necessita estar apontada contra o tórax do agressor, em uma situação de estresse. Para piorar um pouco, devemos ser capazes de executar essa tarefa aparentemente simples mantendo a movimentação, permitindo sanar possíveis panes no armamento. Fogo nada mais é do que a capacidade que o policial deverá ter de executar disparos. As características dos fogos, por sua vez, são: sincronização, flexibilidade, precisão, eficiência e continuidade. Dependendo do objetivo a ser alcançado, poderemos executar o fogo de acordo com quatro tipos distintos: neutralização, interdição, diversionários e eliminação. Em algumas situações, por exemplo, poderemos ser obrigados a executar disparos precisos, visando a letalidade do agressor. Em outras, pode ser mais importante executar fogos de neutralização, com vistas a se dificultar a ação do agressor. Costumamos repetir, adaptando-a para a atividade policial, uma frase do mestre Hélio Gracie: "nosso objetivo no confronto não é vencer, é não ser derrotado". Significa dizer que é mais importante não ser atingido do que atingir seu oponente, afinal de contas, temos somente uma vida.

---

[38] John C. Maxwell. Talento Não é Tudo. Thomas Nelson Inc. São Paulo. 2009. 312p.

Fuga, talvez essa tradução não seja a mais adequada, mas fizemos isso para manter os 3 "F's" e facilitar o aprendizado. Significa dizer mova-se, alvo parado é igual a alvo fácil. Lembro a você que a dificuldade de se abater um alvo em movimento consiste na variação do sentido do deslocamento, não na direção, como já explicado acima. Se seu alvo está a sua frente, deslocar-se de encontro a ele (no sentido dele) não vai ajudar muito. Por outro lado, se você adotar um deslocamento lateralizado, em diagonal ou qualquer outra coisa parecida, isto é, em sentido diferente daquele linear entre você e o agressor, suas chances de não ser atingido aumentam significativamente. Somente pare de se deslocar em duas situações. A primeira é quando localizar e neutralizar a ameaça. A segunda é quando encontrar um bom abrigo. No segundo caso lembre-se de que a condição de ser um abrigo pode mudar rapidamente caso o oponente mantenha sua capacidade de manobra e consiga, por exemplo, flanquear sua posição guarnecida inicialmente. No primeiro, não se esqueça de que você pode ter que combater outro agressor que pode estar oculto em um primeiro momento. Em uma situação de confronto é essencial que o policial mantenha sua capacidade de manobra, compreendida como a somatória de fogo e movimento.

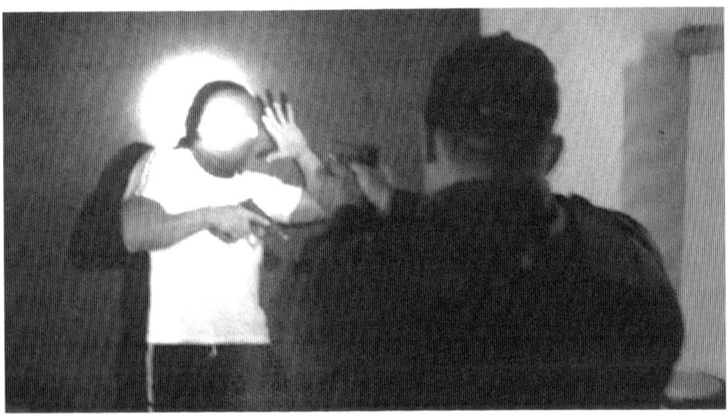

Figura 43: policial aciona sua lanterna tática contra a face do agressor com arma de fogo, que fica momentaneamente debilitado na sua capacidade de agir.

Observe a Figura 43, perceba como a situação mudou consideravelmente em relação à Figura 42. Acrescentou-se um pequeno, mas sinistro detalhe, uma arma de fogo. O fato de o policial ter obtido êxito em ofuscar a visão do agressor não significa dizer que o mesmo não conte com algum tipo de memória de visão anterior ao ofuscamento, podendo atingir o policial sem maiores dificuldades, mesmo sem o sentido da visão. Lembre-se que a lanterna não é como aquele laser dos desenhos animados, do tipo "Raio Trator" do Flash Gordon ou os "Phasers", de Jornada nas Estrelas. A pessoa permanece com sua capacidade de movimentação (por isso mesmo dizemos que a lanterna pode debilitar um sujeito, mas jamais vai incapacitá-lo). Considere a possibilidade de, mesmo que aleatoriamente, você ser atingido, caso subestime a capacidade do agressor. Fique atento, enquanto houver uma arma de fogo inserida no sistema, considere aquela uma situação fatal e aja de acordo com essa constatação. Lembre-se, ainda, que existem outros sentidos em questão e, mesmo que você tenha prejudicado momentaneamente a visão do agressor, ele ainda conta com outros, como a audição, o que, por si só favorece a reação letal contra o policial.

Sétimo Princípio: Use luz intermitente a alturas variadas!

Pode-se dizer, em uma tentativa de simplificar um pouco a matéria, que o uso da lanterna pode ser realizado, basicamente, de duas maneiras: feixe contínuo e luz intermitente. Por sua vez, como regra geral, utilizamos a lanterna com feixe contínuo em duas situações: quando você localizou seu oponente e quando você está adentrando um recinto e existe mais luz fora do que dentro. Neste último caso, significa que você está com luz à sua retaguarda. Assim, procuramos manter um feixe contínuo, como tentativa de equalizar a quantidade de luz existente fora e dentro do recinto. É um método simples, mas que evita a formação do "Funil Fatal" ou "Cone da Morte". O uso da lanterna de maneira intermitente, por sua vez, ocorre na maioria das situações. Costumamos dizer que seu tempo de luz é igual ao seu tempo como alvo. Significa que o tempo que você mantém sua lanterna acesa é diretamente proporcional ao risco que você está correndo. Quanto mais tempo, maior o risco. Por isso é importante você utilizar uma sequência predeterminada ao acionar sua lanterna em um ambiente de baixa luminosidade. Lembre-se, baixa luminosidade não significa ausência de luminosidade. Algumas vezes ocorre que os policiais de uma equipe conseguem realizar a "navegação" por um local escuro sem grandes problemas, por utilizarem a iluminação incidental ou residual, seja da lua, seja de fontes artificiais, como postes etc. É comum algum policial mais inexperiente ou afoito acionar sua lanterna. Contudo, a partir deste momento, todos os integrantes perdem a adaptação ao escuro, que volta praticamente à estaca zero. Daí, cada vez mais teremos uma quantidade maior de acionamentos. Portanto, os integrantes de uma equipe devem ser orientados e treinados quanto ao uso da lanterna, buscando a proficiência no que chamamos "disciplina de luzes e sons".

Outro ponto que costumo chamar de "gargalo", referente à capacidade técnica dos operadores táticos e policiais em geral, é saber a hora de desligar a lanterna. Perceba que, se seu tempo na luz é igual ao seu tempo como alvo e se "a noite é sua melhor amiga e a escuridão sua leal companheira", você deverá preferencialmente usar a lanterna de maneira intermitente. A sequência que sugerimos é: acenda a lanterna, oriente-se rapidamente, apague a lanterna, navegue pelo ambiente. A técnica que você utilizará para empunhar sua lanterna deve ser variada de modo a proporcionar versatilidade e flexibilidade.

Figura 44: policial aciona sua lanterna tática posicionada na altura do seu pescoço, em ambiente claro.

Não existe uma regra. Procure acioná-la de maneiras variadas, de modo excêntrico, ou seja, fora do centro do seu corpo. Para tanto é interessante utilizar técnicas como a FBI modificada, que veremos mais adiante, aliadas às demais. De toda sorte, lembramos que quando dizemos preferirmos acionar a lanterna no método intermitente, não é o mesmo que dizermos que utilizaremos no modo estroboscópico. Uma das vantagens desta última é justamente a redução da capacidade de percepção de distância do agressor, o que facilita a aproximação de modo mais seguro. Da mesma forma, quando descrevemos as duas situações preferenciais em que utilizamos o feixe contínuo, não significa que são taxativas, sendo, na realidade, exemplificativas. Seria temerário afirmarmos, por exemplo, que, uma equipe de policiais ao adentrar um recinto de tamanho reduzido, utilize o sistema de acionamento intermitente. Ora, se as dimensões são reduzidas, não há sentido em se manter a lanterna apagada, pois com o simples acionamento de uma ou duas lanternas o ambiente todo poderia ser iluminado. Nestas horas, podemos lançar mão de uma técnica de iluminação difusa, que consiste no direcionamento do feixe de luz contra o teto do cômodo.

Figura 45: policial aciona sua lanterna tática posicionada acima da sua cabeça, acima do ombro "fraco", em ambiente claro.

Note a variação entre as posições adotadas pelo policial nas Figuras 44, 45, 46 e 48, elas proporcionam maior segurança por causarem um efeito desorientador no agressor, dificultando a identificação da posição do policial, assim como a quantidade de policiais no recinto. Pense em quatro ou cinco policiais adentrando a um recinto utilizando esta técnica, com obediência dos princípios da intervenção tática: agressividade, surpresa, rapidez e precisão. Para quem não faz parte da equipe fica difícil quantificar o número de pessoas, o que aumenta a superioridade relativa proporcionada pela surpresa. Na realidade o uso desta técnica visa justamente incutir a falsa impressão de que mais policiais estão participando da ação.

Figura 46: policial aciona sua lanterna tática posicionada ao lado do corpo, na altura de sua cintura, em ambiente claro.

Além de acionar a lanterna em alturas e posições variadas, para que você potencialize a sensação de desorientação no agressor é importante que os intervalos entre acionamentos e a duração dos mesmos seja variada. Dessa forma, o cérebro do agressor perderá tempo precioso na tentativa de estabelecer um padrão para o que está acontecendo, o que aumenta a sua vantagem tática, por incrementar o efeito surpresa e colocar o fator tempo de reação a seu favor.

Figura 47: mesma posição da Figura 46, com foco direcionado para a lente da câmera, simulando o foco direcionado contra os olhos do agressor.

O acionamento intermitente é gênero que compreende duas espécies, como vimos, existe o acionamento intermitente em si e existe ainda a técnica do estroboscópico. Trata-se, pois, de uma técnica com o objetivo de desorientar o agressor através do efeito estroboscópico, gerado por rápidos flashes de luz com grande intensidade. Atualmente várias lanternas, principalmente as que funcionam através de LED, possuem a opção estrobo. A capacidade de atordoamento é tão grande, em algumas situações e dependendo da pessoa, pode provocar ataque epilético e convulsões.

Figura 48: posição da lanterna lateralizada em relação ao corpo, acima da cintura e com o braço esticado quase completamente.

Nunca é demais observar a importância de treinar o direcionamento do foco da lanterna contra os olhos da pessoa abordada. A precisão na utilização da lanterna é fundamental para que seu efeito desejado seja alcançado. E o efeito só ocorre quando toda sua capacidade é direcionada contra as vistas da pessoa.

Figura 49: posição "Neck Index", com ambiente escuro e foco direcionado para a lente da câmera, simulando o foco direcionado contra os olhos do agressor.

A coordenação ao utilizar dois equipamentos distintos é algo a ser exaustivamente treinado. Algumas pesquisas dão conta de que o fato de uma pessoa falar ao celular enquanto dirige aumenta em quatrocentas (400) vezes a probabilidade de ocorrer um acidente. Imagine um operador de um grupo tático realizando uma intervenção em um recinto confinado e a quantidade de informações que o mesmo deverá processar, tudo em frações de segundos. Ele precisará manter a comunicação via rádio, manter a capacidade de efetuar disparos com rapidez e precisão, utilizar sua lanterna tática, avaliar rapidamente as diversas situações que ocorrem durante o assalto, assim como os riscos e os procedimentos operacionais padronizados mais adequados para que estes sejam minimizados. Por isso, em muitos casos, quando um policial começa a treinar o uso da lanterna, é comum que tenha alguma dificuldade na coordenação desta com o uso da pistola. Nada que o treinamento correto não solucione.

Figura 50: policial fazendo a troca da posição da lanterna.

A surpresa é o terceiro princípio das operações especiais (segurança, simplicidade, surpresa, rapidez, repetição e propósito). Através da aplicação do sétimo princípio do uso da lanterna tática (Usar luz intermitente a alturas variadas) na atividade policial, busca-se otimizá-lo. O grande estrategista militar da Guerra Civil norte americana Coronel "Stonewall" Jackson resume a eficácia de suas manobras no seguinte conselho: confunda, desoriente, surpreenda! Vimos como é fácil colocarmos em prática sua sabedoria através de uma simples lanterna tática. Para tanto, precisamos contar somente com um pouco de técnica e muita força de vontade para treinar e manter o aprimoramento constante.

Oitavo Princípio: Troque de mão, manobre a arma, efetue troca de carregadores!

Como dissemos anteriormente, as habilidades requeridas para a aplicação das técnicas com a lanterna são específicas. De toda sorte, a lanterna tática é acessório ao trabalho policial. De pouco adianta portar uma lanterna tática, quando o assunto é confronto policial, se você não está portando sua pistola, que é o instrumento principal. E quando eu digo portar, não é no sentido lato, não significa estar com sua pistola por perto, no porta luvas do seu carro, na mochila ou no porta malas. É no sentido estrito mesmo, significa que ela deve estar em condições de uso imediato e que você deverá ter habilidade suficiente para manuseá-la, sanando eventuais panes e demais contingências que possam ocorrer durante a ação. Por isso costumamos dizer que a arma deve sempre estar "no pêlo", ou seja, sempre em contato com seu corpo, não bastando estar ao alcance das mãos. Alguns policiais têm o costume de, quando dentro de seu carro particular ou viatura, colocar a pistola sob sua perna, prendendo-a entre esta e o banco. Continuo a dizer que a melhor maneira de portar sua arma é em um bom coldre, que deve estar junto a seu corpo. Por isso falamos "no pêlo". Voltemos ao exemplo da arma sob a perna do policial. Imaginemos agora que este policial sofra um acidente ou que criminosos realizem contra ele, uma emboscada, abalroando seu veículo. No momento da colisão, a arma cai no assoalho do carro, longe do alcance das mãos do policial, que ficará indefeso. Neste caso, ele estava portando sua arma, mas, de maneira efetiva, não eficaz.

Aproveitando este mesmo exemplo, imagine que o policial seja surpreendido dentro do carro por um assaltante armado, que ordena que saia do veículo. Nesta situação, caso sua arma esteja embaixo da perna, somente lhe restarão duas opções: sair do carro e deixar sua arma, o que é assinar seu próprio atestado de óbito (que, provavelmente, ocorrerá com sua própria arma!) ou tentar uma reação, que pode resultar intempestiva, inoportuna ou impraticável. Portanto lembre-se: arma é no pêlo!

Ainda sobre o instrumento pistola, o próprio Massad Ayoob diz que, até o presente momento, não foi inventado algo que a substitua no quesito defesa pessoal policial. Por mais que você aprenda técnicas de Combate Corpo a Corpo, que utilize técnicas e instrumentos de menor potencial ofensivo, nada substitui sua pistola. Os outros instrumentos e técnicas são acessórios, isto é, devem acompanhar, complementar e potencializar o uso do principal, que é a pistola. Não significa dizer que você deve usá-la em qualquer situação. Aqui não vale a máxima de Abrahan Maslow (1908-1970): "Se tens como única ferramenta um martelo, tratarás então todos os seus problemas como prego!" A intenção não é essa. Nosso objetivo é deixar claro que, caso esteja inserido em um encontro armado, nada poderá substituir a pistola, a não ser que você tenha outros amigos que tenham pistolas ou que esteja portando uma arma longa. Mas, mesmo assim, não seria muito inteligente negligenciar sua arma. Então, caso você seja um policial, e opte por não trazer consigo sua arma de fogo, em algumas situações, tenha a certeza de que não será surpreendido em um cenário de confronto.

Algumas pessoas acham essa postura, a de portar arma de fogo vinte e quatro horas por dia, um tanto quanto radical. Há outros que simplesmente defendem o famoso desarmamento civil, o que, na minha parca capacidade de entendimento, nada mais é do que retirar do cidadão o direito de se defender. Compactuo do ensinamento da filosofia chinesa segundo o qual: "Não existe instrumento justo na mão de um injusto, nem instrumento injusto na mão de um justo". Uma arma de fogo é somente um instrumento. Incompreensível o processo de satanização da arma de fogo. Nesse ponto, pertinente as lições do jornalista Lorenzo Carrasco[39] sobre a proibição, afirmando tratar-se de uma técnica subversiva que busca retirar do povo toda e qualquer capacidade de reação frente a um regime totalitário. Ocorreu na Rússia pré revolucionária e foi incorporada aos manuais revolucionários da escola leninista. Qual seria o outro motivo que levaria alguém a proibir uma pessoa, que deseja adquirir uma arma de fogo, que pagará todos os impostos referentes a ela, que se submeterá a uma prova teórica e outra prática e, ainda, provará sua idoneidade, de ter o direito natural de se defender em condições de igualdade com aqueles que o ameaçam ilicitamente? Aos criminosos, sim, interessa uma sociedade desarmada, de mãos atadas diante dos que tripudiam sobre as leis. Para estes, adquirir uma arma de fogo é processo tão simples que beira o ridículo. Mas isso é assunto para outro livro, nosso assunto aqui é lanterna tática.

---

[39] Lino, Geraldo; Carrasco, Lorenzo; Costa, Nilder; Palacios, Silvia. Máfia Verde 2: ambientalismo, novo colonialismo. Editora Capax Dei. Rio de Janeiro. 2006.

Figura 51: policial se preparando para fazer a manobra do ferrolho de sua pistola, enquanto empunha sua lanterna tática.

Observe os detalhes da Figura 51. O policial deve ser treinado e possuir habilidade para, sem soltar sua lanterna e sem acioná-la acidentalmente, manobrar sua pistola. Veja a sequência das Figuras 52 e 53 e perceba como o processo todo poderá demorar somente alguns segundos. As armas de fogo são sistemas mecânicos passíveis de falha. Situação que, aliás, acontece com freqüência, principalmente quando são utilizados equipamentos de qualidade duvidosa e padrões técnicos inferiores. Ressalte-se que as instituições policiais brasileiras vivem tropeçando em uma legislação protecionista que as impede de adquirir equipamentos de qualidade superior a um preço mais baixo. O critério de similaridade, segundo o qual estas instituições não podem adquirir armamento importado desde que haja um "similar" produzido pela indústria de armas nacional, constitui verdadeiro grilhão a torturar nossos policiais na busca de eficiência em suas ações. A definição para o que é similar, do ponto de vista bélico, requer dois quesitos. O primeiro é que a similaridade abranja qualidade técnica do equipamento. O segundo, diz respeito à finalidade de emprego. Similar seria, portanto, um equipamento que possuísse as mesmas características técnicas e a mesma finalidade de um outro. Baseados em critérios vagos e inconsistentes os pedidos de compra de armamento de qualidade infinitamente superior a preços muito mais baixos são, um a um, negados para nossas polícias, salvo, felizmente, algumas exceções, como a compra das pistolas *Glock* pela Polícia Federal. A quem interessa esse protecionismo todo? À segurança pública é que não é. Nem à segurança nacional também, pois o argumento segundo o qual é importante o país possuir uma indústria nacional com tecnologia própria de produção de armas para, em caso de conflito, ter o domínio sobre os meios de produção destes equipamentos é, no mínimo, cínico. Seria como dizer que o processo de redução das barreiras alfandegárias para a importação de veículos durante o breve governo Collor enfraqueceria a produção nacional de veículos. O que ocorreu foi o inverso. Atualmente, o Brasil é o quarto mercado mundial de automóveis e as montadoras instaladas em nosso País exportam seu produto para diversas partes do mundo. A concorrência proporcionou o fortalecimento da indústria nacional, na medida em que forçou o empresariado a adotar padrões de qualidade e de produção cada vez mais elevados. Infelizmente, em relação a armamento nossos policiais são obrigados a trabalhar diuturnamente com os "Ladas", fabricados em nosso País.

Figura 52: policial manobrando o ferrolho de sua pistola, enquanto mantém a empunhadura de sua lanterna tática.

Logo após a solução da pane, deve-se restabelecer o domínio de uma das técnicas de empunhadura da lanterna, cujos alguns exemplos trataremos mais adiante.

Figura 53: policial empunhando a lanterna tática utilizando a posição Harries, logo após ter sanado uma pane.

Na Figura 54 o policial realiza uma troca de carregadores, sem soltar sua lanterna. Utiliza, para tanto, uma técnica simples onde a lanterna fica segura somente pelos dedos mínimo e anelar e o carregador pelos dedos médios, indicador e polegar, obedecendo a técnica do "dedo guia", ou seja, mantendo o dedo indicador no sentido longitudinal do carregador, apontando-o para o receptáculo do carregador da pistola. Esta manobra facilita a inserção do carregador, principalmente em condições de baixa visibilidade.

Figura 54: policial realizando a troca de carregador enquanto mantém a empunhadura da lanterna.

Além de poder manobrar sua pistola, sanando eventuais panes, permite o proficiente manuseio da lanterna, possibilitando a troca de mãos para cobrir corretamente o "lado fraco", principalmente em se tratando de armas longas. Mais adiante, quando abordarmos a questão das posições de tiro com lanterna, veremos quais se recomendam para o uso com arma longa e lanterna de empunhadura. Em alguns casos, dependendo da situação, dos ângulos a serem "fatiados" nas "tomadas de ângulos" e do treinamento do policial, interessante realizar a troca de mãos com a arma longa. Nessas horas, é fundamental que esteja apto a realizar esta manobra, mantendo a lanterna posicionada no outro lado, como se fosse um "espelho". Trata-se de uma troca de mãos, muitas vezes obrigatória, para reduzir a exposição ao fogo inimigo.

Nono Princípio: Mantenha o alinhamento lanterna-pistola-alvo.

Até aqui você deve ter percebido que uma das principais funções da lanterna, a de proporcionar a incapacitação momentânea do agressor, depende do direcionamento do foco contra os olhos do mesmo. De pouco adianta portar uma lanterna tática de última geração se você não é capaz de direcioná-la corretamente contra a face do infrator ao mesmo tempo em que sua arma (seja ela a pistola ou a arma longa) esteja apontando, via de regra, contra a região do "garrafão", ou seja, o peito do alvo. Portanto, treine o alinhamento do alvo. Como o foco da lanterna deve estar direcionado para a face do oponente e o ponto de visada para a arma deve ser o peito, não é difícil concluir pela existência de um verdadeiro "desalinhamento" entre o ponto de visada para a arma e o ponto de foco para a lanterna. Enquanto aquela está direcionada preferencialmente contra o peito do infrator, esta deve ser focada em seus olhos. Entretanto, cabe a nós uma observação, por vezes negligenciada nos treinamentos de uso da lanterna tática em baixa visibilidade. É normal, durante os treinamentos, após serem instruídos sobre o nono princípio, que os alunos fixem corretamente a necessidade de focar a lanterna em direção aos olhos, enquanto a mira da arma de fogo deve ser direcionada contra o peito do infrator. Ocorre que, durante os exercícios, é comum percebermos que, ao acionar a lanterna, o instruendo que não logrou focá-la contra os olhos do infrator, perdeu precioso tempo nesta tarefa, quando a prioridade deveria ser efetuar os disparos necessários.

Quando a lanterna é acionada, mesmo que não seja possível focar diretamente contra a face do infrator, pode ser possível visualizar o alvo. Isto porque existe luminosidade difusa no ambiente, oriunda da própria lanterna tática. Assim, torna-se possível a identificação positiva do alvo e o disparo consciente. Portanto, caso não esteja alinhado, atire da mesma maneira. Não perca tempo tentando alinhar foco da lanterna quando um eventual disparo se faz necessário e possível. Lembre-se de que, em um combate armado, ganha quem atira primeiro...e acerta. Além disso, ao ficar com a lanterna muito tempo acesa, o policial estará fornecendo ao agressor um poderoso indicativo de alvo. Não se esqueça de que seu tempo com a lanterna acesa é igual a seu tempo como alvo.

Portanto, cabe ao instrutor preocupar-se em ensinar, sem "engessar" o instruendo, permitindo a ele autonomia na ação. Muitas vezes, o treinamento inadequado ou incompleto pode ser até pior do que a ausência de treinamento. O condicionamento errado leva o policial simplesmente a errar com maior rapidez. A proficiência em ações reflexivas demanda análise e pensamento crítico, pois, na situação real, com a presença de todas as nuances e peculiaridades que a revestem, dificilmente se terá tempo e oportunidade de avaliação para inovar. Geralmente, o policial nestas situações vai agir da maneira como foi treinado. Se o treinamento é insuficiente, um erro pode ocorrer. Contudo, se o treinamento se baseia em uma condicionante inadequada, o erro será proporcional ao condicionamento, portanto, se dará mais rápido e com menor probabilidade de reversão.

Finamente, ainda com relação ao Nono Princípio do Combate em Baixa Visibilidade, alertamos para o fato de que se deve evitar acender a lanterna prematuramente, cometendo o erro que chamamos de "varrer o solo". É comum, durante os treinamentos, observarmos uma tendência que alguns instruendos apresentam de acionar a lanterna enquanto sua pistola está passando da posição 3 (pronto baixo), por exemplo, para a posição 4 (engajado). O ideal, contudo, é que a lanterna somente seja acionada quando o sistema pistola-lanterna estiver "apontado" para o alvo, independentemente da posição. Sabemos ser perfeitamente possível realizar disparos rápidos com a arma na posição 3, por exemplo. É conveniente que o policial esteja apto a, rapidamente, caso seja necessário, direcionar sua arma contra o alvo e acionar o gatilho, enquanto a pistola passa para a posição 4, exemplificando. Treinar acionar a lanterna somente quando o cano da pistola está direcionado contra o alvo é fundamental, independentemente de se estar em uma posição de preparo, como a posição 3 ou de se encontrar na posição pronto para tiro ou posição 4. Com isso o policial minimiza os riscos, reduzindo seu tempo de exposição, gerando possibilidade de surpreender seu alvo com maior êxito.

Décimo Princípio: Domine as principais técnicas de uso da lanterna.

Constantemente podemos observar a tendência que as pessoas possuem de estabelecer comparações entre coisas, pessoas, instituições e culturas. Tentamos estabelecer um *ranking* de quase tudo, adotando uma postura, muitas vezes, maniqueísta das coisas. Existe um pensamento de Clarice Leal[40] que diz "o que faz o mundo melhor é a diversidade, não a adversidade". São comuns as discussões entre policiais nas quais cada um defende seu ponto de vista sobre esta ou aquela técnica, sobre qual é melhor e qual é pior técnica. Na realidade, na maioria dos casos, não existe uma única solução. Lembre-se do que falamos logo no início do livro, que o trabalho policial é caracterizado por situações. Para cada uma pode existir uma técnica que seja mais adequada. É o que a

[40] Psicóloga e palestrante paranaense.

lógica aristotélica chama de "meio termo de ouro", raciocínio imortalizado na máxima "a virtude está no meio termo". Por isso sempre digo, como fundamentação lógica, que prefiro a conjunção "e" à disjunção "ou".

Existe uma revista, de excelente qualidade, que a nossa querida Esquadrilha da Fumaça, da Aeronáutica, distribui durante suas magníficas apresentações. Nesta publicação, chama a atenção do leitor uma frase provocativa que questiona: Qual a melhor esquadrilha da fumaça no mundo? Na sábia resposta, colocada logo abaixo, afirma-se que esta comparação é impossível de ser estabelecida, pois as várias esquadrilhas apresentam características específicas, que variam desde tipo de aeronave até manobras realizadas, impossibilitando que se estabeleça algum parâmetro intencionando classificá-las como melhor ou pior. E completa afirmando que, ao contrário, o que impera entre estas esquadrilhas mundo afora é uma tremenda camaradagem e respeito mútuo. Quando li este trecho do material não pude deixar de pensar no treinamento policial e na mania que muitos instrutores têm de se posicionarem como verdadeiros "donos da verdade", considerando suas técnicas, seu grupo, seu treinamento, superiores aos demais, estabelecendo comparações impossíveis. Seguindo a linha deste raciocínio, consideramos procedimento adequado ensinar nas academias e centros de treinamentos policiais, um conjunto de, pelo menos, quatro ou cinco técnicas distintas e complementares, tais como, por exemplo, as posições Harries, Rogers, FBI modificada, Pescoço, Vertical, entre outras.

Entretanto, ressalto que quando digo que é inadequado estabelecer comparações entre técnicas, não significa dizer que incentivamos o pensamento mecânico, acrítico, nem tampouco buscamos estimular uma excessiva permissividade técnica. A liberdade de criação, neste setor, deve ser mitigada para que evitemos o excesso de "criatividade", que acaba por gerar uma espécie de "lixo" procedimental. Contudo, admitimos a dificuldade em estabelecer a medida desta mitigação. O melhor remédio para se evitar o excesso de vias que não levem a lugar nenhum é o debate, simulações e emprego prático em caráter experimental, de modo supervisionado. Podemos traduzir estas ações em duas palavras: bom senso, algo que não se ensina, contudo, dificilmente se aprende sozinho.

Algumas Técnicas

"A técnica é uma conquista do homem,
pois representa o domínio da inteligência
sobre as coisas."
Juscelino Kubitschek

As técnicas transmitidas neste capítulo são simplesmente sugestões para o uso consciente da lanterna tática. Elas, de maneira alguma, excluem a necessidade de que cada academia policial eleja os procedimentos mais adequados à sua realidade. Nem, tampouco, que sua adoção não possa ser elaborada através da interação e evolução constantes por meio de desenvolvimento técnico, aperfeiçoamento dos equipamentos e as mudanças das necessidades operacionais específicas. Por isso, ora poderão ser adotados como técnica efetiva a ser utilizada pelo policial, ora servirão simplesmente como modelo comparativo, auxiliando na tomada de decisão por instrutores e doutrinadores em geral.

Técnica de Ray Chapman

Desenvolvida pelo patrono da NRA (National Rifle Association, EUA), considerado um dos precursores da teoria moderna do manuseio de pistola, Ray Chapman (1929-2008) começou sua carreira como atirador aos 16 anos de idade, quando ingressou na carreira militar. Serviu como fuzileiro naval (Marine) durante a Segunda Guerra Mundial, atuando na campanha do Pacífico. Mais tarde, entrou novamente em ação, durante os primeiros estágios da Guerra da Coréia. Nessa época, Chapman começa a desenvolver o que tempos depois seriam os chamados Princípios do Tiro Defensivo, consolidados no período em que atuou como policial. Após ser dispensado com honras do Corpo de Fuzileiros Navais norte americano, Chapman trabalhou como Bombeiro em Oregon, ocasião que aproveitou para completar sua formação acadêmica como engenheiro civil. Trabalhou nesta função no Departamento de Estradas da Califórnia, época em que se dedicou a aperfeiçoar sua técnica de tiro, vencendo o campeonato mundial, em Zurique, Suíça.

Em 1975, tornou-se o primeiro Campeão Mundial de Combate com Pistola, categoria que mais tarde se tornaria o IPSC (International Practical Shooting Confederation[41]). Em sua carreira como atirador venceu mais de 250 competições. Como engenheiro, aposentou-se prematuramente para abrir a Academia Chapman de Tiro Prático, em Colúmbia, Missouri (www.chapmanacademy.com). Morreu em 2 de fevereiro de 2008, pouco antes de fazer 80 anos.

Chapman desenvolveu uma posição de tiro com pistola que traz seu nome. Consiste em uma variação da Posição Weaver, na qual o atirador mantém os cotovelos esticados e o ombro recuado para, segundo o próprio Chapman, "amortecer o recuo, como nas armas longas". Desenvolveu também uma posição de tiro com lanterna, denominada técnica de tiro na penumbra (do inglês dim-light). Utilizou, para tanto, os instrumentos que havia a sua disposição, ou seja, lanternas com botão lateral deslizante. Sua técnica, portanto, é aplicada quando o policial dispõe deste tipo de lanterna. Esta pequena incursão histórica nos coloca a par de uma realidade, por vezes, negligenciada pelos agentes da lei. Quando falamos do Décimo Princípio do uso da lanterna em situações de baixa visibilidade, é inútil comparar, por exemplo, a posição Chapman com a Rogers. Entre ambas existe um lapso temporal de praticamente trinta anos. Na realidade, a posição Chapman antecede às demais. A importância de continuar a ensiná-la está, além do fator histórico, no fato de que, por muitas vezes, o policial não terá a sua disposição o equipamento adequado. Contudo, nem por isso, estará dispensado de utilizar a técnica adequada ao equipamento de que dispõe.

Por anos venho atuando como instrutor na SENASP[42] e na FNSP[43], durante todo esse tempo tivemos contato com muitos policiais, oriundos de diversas polícias militares e civis Brasil afora. É impressionante, em alguns casos, a falta de recursos nestas instituições, seja para formação, treinamento, ou mesmo aquisição de equipamentos. Não obstante o esforço que tem sido feito para reverter esta situação, a realidade em algumas instituições ainda é cruel. Por isso pensamos ser importante que o profissional se adapte ao equipamento que tem a sua disposição, não o contrário. Obviamente buscamos sempre estar na vanguarda em relação a instrumentos (equipamentos, armamento e munição) e tecnologias, mas devemos ter consciência de que nem sempre é possível.

---

[41] Confederação Internacional de Tiro Prático.

[42] Secretaria Nacional de Segurança Pública, Ministério da Justiça.

[43] Força Nacional de Segurança Pública.

Observando a Figura 55 podemos perceber que o policial utiliza a técnica da oposição de forças, muito comum em técnicas de escalada. Isto porque a mão fraca não participa da empunhadura da pistola, por estar totalmente ocupada na empunhadura da lanterna. Lembre-se que ao utilizar uma lanterna, o policial deve estar apto a ligá-la e desligá-la quando bem entender, sem perda de tempo. Portanto, neste tipo, com botão deslizante, existe o inconveniente de o policial ter de manter o polegar sobre o botão e os demais dedos segurando a lanterna, para que esta não "deslize" na mão, dificultando o processo de acioná-la ou desligá-la.

Figura 55: policial empunhando lanterna de botão deslizante, utilizando a técnica Chapman, visão frontal. Policial destro.

Entre os inconvenientes desta posição, ressaltamos o fato de que o policial necessitará executar um movimento de torção do punho, o que pode ser extremamente incômodo para quem possui pouco alongamento nesta articulação ou para pessoas que, como eu, possuem alguma fratura de punho, algum processo reumático ou artrose. Ademais, a Posição Chapman é uma técnica que tende a reduzir a capacidade do policial no que se relaciona ao tiro seqüencial, como o *double tap* (tiro duplo) e técnicas mais complexas, como o

Moçambique Drill[44] desenvolvido por Jeff Cooper[45].

Figura 56: policial empunhando lanterna de botão deslizante, utilizando a técnica Chapman, visão lateral esquerda, em perspectiva frontal. Policial destro.

Como a Posição Champan é uma técnica desenvolvida antes do advento das lanternas táticas, existe, ainda, uma verdadeira incompatibilidade entre ela e as técnicas modernas, restando praticamente impossível que o policial utilize outras técnicas de maneira complementar à desenvolvida por Chapman. O que ocorre, neste caso, é que a posição foi elaborada para adequar, tecnicamente, um procedimento operacional padronizado (POP) ao equipamento disponível.

---

[44] Técnica de tiro de combate avançada, também conhecida como uma técnica de tiro defensiva, desenvolvida por Jeff Cooper após a experiência de Mike Rouseau. Cooper trouxe à tona o conceito do Moçambique Drill no artigo de nome "Comentários", Volume 1, número 1, do início dos anos 90. A técnica parte do princípio de que alguns calibres podem ser insuficientes para neutralizar ameaças, em determinadas situações. De acordo com as estatísticas, os resultados em um combate armado são difíceis de se prever. Na técnica do Moçambique Drill, o instruendo é treinado a efetuar um tiro duplo (*Double tap*) contra o peito do oponente e, caso seja necessário, em uma rápida avaliação, realizar um terceiro tiro, com precisão, contra a cabeça do mesmo. A técnica tem, entre seus objetivos, neutralizar um alvo que esteja utilizando um colete balístico. De acordo com a história original, em um combate aproximado contra um terrorista armado com um fuzil AK 47, no aeroporto de Laurenco Marquez, em Moçambique, Mike Rouseau efetuou dois tiros (Double tap) contra o peito do mesmo, sem, contudo, conseguir neutralizá-lo. O terrorista continuou seu ataque, quando Mike atirou contra sua cabeça, utilizando sua HK P35, calibre 9X19 mm, fazendo cessar a ameaça e finalmente neutralizando o oponente. Nascia neste dia o conceito do Moçambique Drill. Mike Rouseau sobreviveu a este combate, mas perdeu sua vida mais tarde, na Guerra da Rodésia.

[45] Jeff Cooper. "*Previously Guansite Gossip*". Jeff Cooper´s Commentaries. Volume 1. Número. Junho de 1993.

Figura 57: policial empunhando lanterna de botão deslizante, utilizando a técnica Chapman, visão lateral esquerda. Policial destro.

Técnica de Massad Ayoob

Falaremos da técnica desenvolvida por Massad Ayoob, ex-policial, instrutor, escritor e pesquisador, atualmente diretor do Instituto de Força Letal, responsável pelo treinamento de 800 a 1200 pessoas, anualmente, no uso legal da força letal, combate corpo a corpo e combate armado, gerenciamento de crises e sobrevivência policial avançada[46]. Autor de vários livros sobre atividade policial, entre eles: *Armado e Vivo, Fundamentos das Modernas Armas de Impacto Policiais e Trauma Pós Confronto.*

A técnica de Ayoob é aplicável quando o policial dispõe de lanternas com botão simples lateral, também chamado botão tipo plugue lateral, como, por exemplo, as lendárias Mag-Lite, as lanternas produzidas em Ontário, Califórnia. Estas lanternas foram amplamente utilizadas no trabalho policial, em praticamente todo o mundo. Sua supremacia, contudo, acabou com o advento das lanternas táticas, sobretudo com as lanternas de LED. Até meados do ano 2000, o kit básico de todo policial continha uma lanterna dessas, pelo menos os mais bem equipados dispunham de duas, uma pequena, que utiliza duas pilhas pequenas, geralmente levada em um coldre próprio, no cinto, e outra maior, geralmente levada na mochila ou na viatura, com três ou quatro pilhas grandes. A vantagem destas últimas é que serviam também como arma de contato direto, pois além de serem pesadas (peso das pilhas grandes somado ao do corpo de alumínio) possuíam dimensões avantajadas. Para se ter

[46] Peter & Helen Evans. An Interview With a Lethal Man. RenewAmerica. 9 de fevereiro de 2005.

uma idéia, a Mag-Lite de três estágios, semelhante à das Figuras 58, 59, 60 e 61, possui 31 centímetros de comprimento, por 5,5 centímetros de diâmetro do bulbo e pouco menos de 4 centímetros de diâmetro da parte posterior do corpo da lanterna. Este tipo de lanterna apresenta uma qualidade muito boa, constituindo um excelente recurso para o policial.

Atualmente, percebemos que cada centímetro do cinto tático de um policial é um espaço tremendamente disputado entre as empresas que projetam e comercializam instrumentos para a atividade policial. É clara a tendência de se reduzir dimensões e peso destes equipamentos, seja para propiciar o porte de maior quantidade de itens, como instrumentos de menor potencial ofensivo (menos letais), por exemplo, seja para aumentar a capacidade operacional.

Existe, ainda, uma técnica de esclarecimento visual em que este tipo de lanterna é extremamente útil, justamente por seu peso, dimensões e forma arredondada. Trata-se do escaneamento de um cômodo utilizando a lanterna que deve ser, literalmente, rolada de um lado para o outro da porta. O policial deve soltá-la antes que sua mão ultrapasse o batente, de forma que a lanterna role no chão até o outro lado. Obviamente, recomenda-se executar esta técnica somente quando se dispõe de outra lanterna e quando há outro policial posicionado do outro lado da porta. Caso contrário, pode haver um movimento giratório da lanterna e iluminar o próprio policial que, então passará a "provar do seu próprio veneno".

Figura 58: policial empunhando lanterna de botão tipo plugue ou botão simples lateral, utilizando a técnica Ayoob, visão frontal, policial destro.

De acordo com a Figura 58, podemos observar que, diferentemente da técnica de Chapman, na técnica de Ayoob a mão fraca (que está empunhando a lanterna) passa a participar ativamente da empunhadura da pistola, mesmo que parcialmente (lembre-se que na técnica de Chapman isto não ocorre, havendo somente um certo equilíbrio na tração devido à técnica de oposição de forças). Isto é possível porque o dedo que aciona o botão tipo plugue não precisa realizar o movimento no sentido longitudinal da lanterna, e sim transversal, liberando os demais dedos da mão para participarem da empunhadura da pistola, permitindo, mesmo que parcialmente, a empunhadura primária com a mão forte. É somente um detalhe, mas no trabalho policial são os detalhes que fazem a diferença.

Figura 59: policial empunhando lanterna de botão tipo "plugue" ou botão simples lateral, utilizando a técnica Ayoob, visão lateral esquerda, atirador destro.

Mas a técnica de Ayoob também sobre algumas críticas, como quase todas nesse ramo. Como o vetor de força agora está direcionado no sentido transversal e não mais longitudinal, o operador acaba "pagando um preço" pela liberação dos demais dedos da empunhadura da lanterna. É que toda vez que é acionada, fazendo pressão lateral, ocorre um leve movimento de todo o conjunto pistola-lanterna em direção à mão forte. O pressionar do botão de acionamento da lanterna acaba por empurrar a pistola para o lado. É um movimento leve, quase imperceptível em alguns casos, mas que pode ser potencializado quando o atirador estiver sob o efeito da adrenalina provocada pelas situações de estresse que sempre envolvem um confronto policial. Portanto, treinar a técnica de Ayoob não é suficiente. É necessário mais que isso, é fundamental vivenciá-la em uma situação simulada o mais próximo possível da realidade, de maneira controlada. Aliás, esta é um ponto que deve ser observado em todo e qualquer treinamento policial: o treino deve ser fundamentado em situações reais, com todos seus efeitos, conseqüências e nuances.

Figura 60: policial empunhando lanterna de botão tipo "plugue" ou botão simples lateral, utilizando a técnica Ayoob, visão lateral direita. Atirador destro.

Abaixo, na Figura 61 fizemos uma comparação entre as duas técnicas descritas até o momento. Perceba que, na técnica de Ayoob, o policial consegue efetivamente realizar a empunhadura da pistola com ambas as mãos, mesmo que de maneira um pouco precária. Esta manobra permite que se obtenha resultados mais consistentes nas situações em que o policial necessite estabilizar melhor sua arma, como nas que envolvem alvos múltiplos, tiro em movimento e disparos consecutivos, como explicado anteriormente.

Figura 61: Figura comparativa entre as posições Chapman e Ayoob. A esquerda, policial empunhando lanterna de botão deslizante lateral, visão frontal. Na figura da direita, policial empunhando lanterna de botão tipo "plugue" ou botão simples lateral, utilizando a técnica Ayoob, visão frontal. Em ambas, atirador destro.

Note que, em ambos os casos, quando se utiliza uma lanterna com dimensões maiores, torna-se impossível manuseá-la mantendo-a nas mãos. Portanto, quando se utiliza uma lanterna como a mostrada nas figuras acima, se faz mister que o policial, antes de efetuar a recarga da sua pistola, seja ela rápida (de emergência) ou tática, ou mesmo antes de sanar uma eventual pane, que coloque sua lanterna em algum local, de fácil recuperação. Recomendamos deixá-la sob a axila da mão forte, ou mesmo entre as dobras do joelho, quando o policial estiver ajoelhado, por exemplo. Dificilmente este tipo de lanterna conta com fiéis, contudo, seria o caso de se avaliar esta possibilidade e, se for o caso, improvisar um. De qualquer maneira, caso seja imprescindível, o policial poderá até mesmo abandonar a lanterna para manusear mais rapidamente sua arma. Lembre-se, contudo, que após sanar a pane, você irá precisar visualizar seu alvo novamente, pois não se pode acertar o que não se vê.

Técnica de Michael Harries

A técnica de Michael Harries é utilizada preferencialmente com lanternas de botão tipo plugue traseiro, também conhecidas como *lanternas táticas*. Seu inventor foi o fuzileiro naval norte-americano Michael Harries[47]. Famoso instrutor de táticas militares, era conhecido por suas idéias de vanguarda. Costumava utilizar tênis como opção aos tradicionais calçados militares, quando utilizava algum tipo de farda. Seu estilo amigável e firme de ministrar instruções cativava seus alunos. Inventor, dentre várias técnicas, da vestimenta Harries para propósitos variados. Sua técnica é simples e prática. Baseia-se na oposição de forças. A mão que empunha a lanterna fica "de costas" para a mão forte.

Para garantir uma posição mais estável, recomenda-se que o policial gire o relógio no braço, deixando o visor posicionado na parte interna do mesmo (Figura 62).

[47] Michael Agnew Harries (1938 – 2000), sua carreira como atirador começou em 1957 como Mariner, onde serviu até 1961 atuando nas Filipinas, Tailândia e Vietnã, entre outros. Sua maior influência partiu de Jeff Cooper, juntando-se ao SWPL (Southweast Pistol League) em 1969. Participou do livro "Survival Guns de Mel Tappan, demonstrando técnicas de tiro de sobrevivência defensivo. Membro fundador do IPSC (International Practical Shooting Confederation) em Columbia, Missouri. Fonte: www.michaelharries.com.

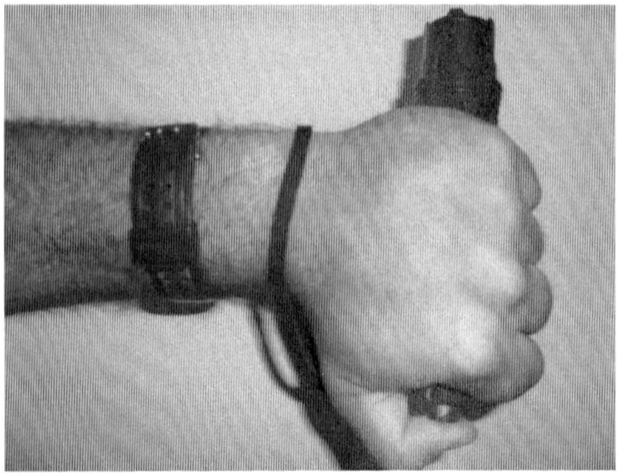

Figura 62: empunhadura da lanterna tática e posição invertida do relógio.

Caso contrário, o bulbo do relógio não permitirá que a mão forte se apóie corretamente sobre a mão fraca (que empunha a lanterna).

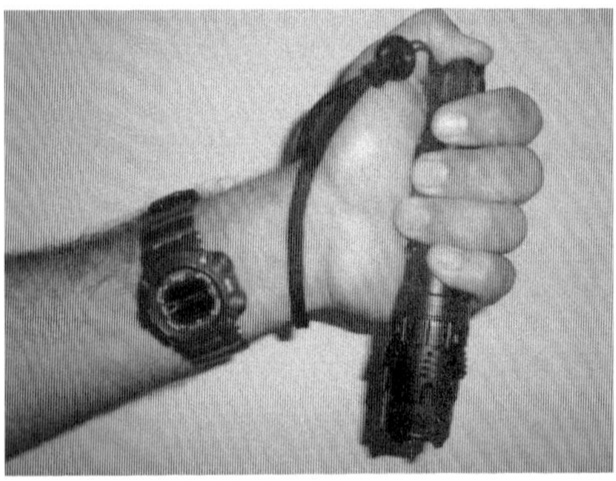

Figura 63: empunhadura da lanterna com posição invertida do relógio.

Além de favorecer o "encaixe" na posição, a utilização do relógio de forma invertida possibilita que, enquanto na posição de caçador ou mesmo com a arma engajada, o policial não precise desfazer a empunhadura da arma para observar o visor do relógio (Figura 64). É também uma posição excelente para manter um instrumento de navegação, com um GPS ou uma planilha de navegação, por exemplo, em condições de visualização sem prejuízo à empunhadura da arma longa como, na gravura abaixo, uma submetralhadora HK MP-5.

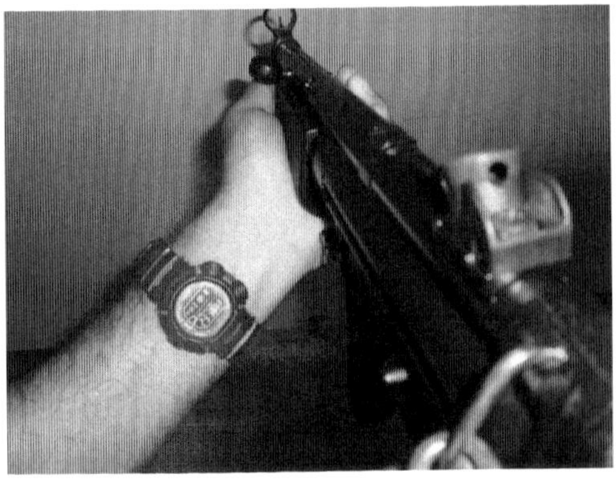

Figura 64: policial na conduta, com a arma longa e relógio invertido.

Como todas as demais, a posição Harries apresenta algumas desvantagens. Uma delas é que a cobertura do "lado fraco" do policial fica prejudicada, principalmente durante a técnica do fatiamento. A outra, é que o policial retira uma das mãos da empunhadura.

Uma particularidade, que pode ser observada nas figuras abaixo, é que o policial deve abaixar o cotovelo da mão que está empunhando a lanterna quando a posição Harries for executada com uma arma curta. Este detalhe é importante em combates em áreas restritas, o CQB[48], porque facilita o deslocamento do policial, evitando esbarrões e reduzindo a sua silhueta.

De qualquer maneira, trata-se de uma excelente técnica, devendo constar no programa de treinamento em baixa luminosidade para policiais e agentes de segurança. Apresenta a vantagem de poder ser realizada também com lanternas de acionador tipo plugue lateral, como, por exemplo, as lanternas Mag-Lite descritas no item anterior. A técnica de Harries foi aceita prontamente pelo Cel. Jeff Cooper, tornando-se rapidamente a técnica predominante nas escolas de tiro e academias de polícia do mundo todo. Seu diferencial em relação às técnicas existentes até então, é que a mão que segura a lanterna, o faz por meio de uma pegada invertida, de modo que o indicador, no caso das lanternas com plugue lateral, fique mais afastado do bulbo, posicionado encima do plugue. Nas lanternas com plugue traseiro, o polegar é que fica responsável por acioná-la. A oposição de forças cria uma tensão isométrica estabilizadora suficiente para que o policial efetue disparos com precisão satisfatória. Outra observação importante é que, para as lanternas com dimensões

[48] Do inglês Closed Quarter Battle, ou seja, Combate em Ambiente Confinado ou em Ambiente Restrito.

maiores, o policial tem a opção de "descansá-la" sobre seu antebraço forte. Esta é, aliás, uma das características mais marcantes de Harries, ou seja, utilizar sempre métodos e procedimentos que minimizem o gasto desnecessário de energia e que aumentem o conforto e a praticidade do policial em serviço.

Figura 65: Michael Harries demonstrando sua técnica de tiro com lanterna. Note que Harries empunha uma lanterna com botão de acionamento tipo plugue lateral. Fonte: www.michaelharries.com.

Analisando comparativamente as Figuras 65 e 66 podemos perceber que a técnica desenvolvida por Harries permanece atual, sendo facilmente aplicável quando se têm a disposição lanternas de última geração e pistolas modernas. Na Figura 65, Harries executa sua técnica utilizando uma lanterna de grandes dimensões e com acionamento tipo plugue lateral, empunhando na sua mão forte uma Colt .45 modelo 1911. Já na Figura 66, cuja foto foi tirada no ano de 2009, o policial empunha uma lanterna Surefire 6Z, com corpo de alumínio e anel de borracha, com acionamento tipo pluque traseiro. Traz, em sua mão forte, uma pistola Glock modelo G17, quase unanimidade entre as polícias do mundo todo.

Figura 66: policial empunhando lanterna tática, de primeira geração, com botão tipo plugue traseiro ou botão simples traseiro, utilizando a técnica Harries, visão lateral direita, perspectiva frontal. Atirador destro.

Sabemos que o décimo primeiro Mandamento das Operações Especiais é a versatilidade, enquanto o segundo princípio das operações especiais é a simplicidade. Nenhuma outra técnica do tiro com lanterna tática, encerra em si o significado de simplicidade e versatilidade agregados como a técnica desenvolvida por Harries. Além de poder ser utilizada com vários tipos de lanternas táticas, como demonstrado acima, esta técnica pode ser também empregada tanto com armas curtas como com armas longas (Figuras 67 e 68).

Figura 67: policial utilizando uma submetralhadora HK MP-5, empunhando a lanterna tática na posição Harries modificada.

Note que, apesar de manter o cotovelo do lado forte abaixado (Figura 67), não é possível fazer o mesmo com o cotovelo do lado fraco, em razão da necessidade de deixar o ante-braço em uma posição horizontal que proporcione maior apoio para a arma que, de outra forma, tenderia a deslizar pelo ante-braço inclinado. Acreditamos que a melhor opção, ainda, é a utilização de lanternas acopladas em armas longas, contudo, como dito anteriormente, a capacidade de adaptar, improvisar e superar é uma das qualidades exigidas de um bom policial.

Figura 68: policial utilizando uma submetralhadora HK MP-5, empunhando a lanterna tática na posição Harries modificada.

Na figura abaixo, observe que o posicionamento da arma longa deve ser feito de modo a repousar a telha da arma sobre a região do punho do atirador. Caso esteja utilizando relógio, como dissemos acima, é interessante que esteja invertido, o que, inclusive, auxilia na estabilização da arma longa, pois proporciona mais um ponto de fixação da telha, pressionada entre a pulseira do relógio (de borracha preferencialmente) e as mãos do atirador.

Figura 69: posição Harries modificada para uso de arma longa, vista frontal.

Figura 70: posição Harries modificada para uso de arma longa, vista frontal.

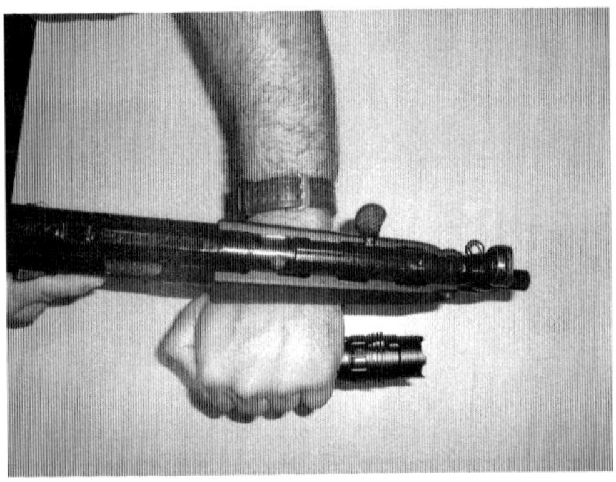

Figura 71: posição Harries modificada para uso de arma longa, vista superior.

Assim como nas armas curtas, é importante que, ao utilizar uma lanterna tática em conjunto com a arma longa, o policial possa manuseá-la sem a preocupação de guardar a lanterna antes de iniciar procedimentos, que podem ser uma troca rápida de carregadores, a solução de uma pane ou qualquer outra que obrigue o atirador a utilizar as duas mãos. Neste caso, o uso de fiéis é recomendado (Figura 72) por facilitar a recuperação da lanterna após a solução do evento e, ainda, por deixar o policial livre da preocupação sobre seu acondicionamento. Caso a situação exija, não o sanamento da pane, mas a transição imediata do armamento longo para a arma curta, a presença do fiel também ajuda, já que durante a rápida manobra, a lanterna permanecerá atada ao punho do atirador.

Figura 72: manuseio do armamento longo e importância do fiel na lanterna.

A técnica Harries modificada consiste em uma das poucas passível de ser utilizadas com este tipo de armamento, ou seja, fuzis, sub-metralhadoras e carabinas, entre outras.

Quanto ao uso com armas longas, dependendo do armamento e da lanterna disponível podemos, ainda, utilizar uma modificação da técnica desenvolvida por Bill Rogers. Na realidade, eu costumava utilizar a Rogers modificada nos primeiros anos em que atuei como operador no Comando de Operações Táticas. Entretanto, passado pouco mais de um ano e meio, deixei de usá-la, por ter adquirido um gripe frontal equipado com lanterna, acoplados ao M16 Carbine (M4). A posição consiste em aplicar o conceito de Roger ao M16, ou seja, a lanterna fica apoiada entre os dedos indicador e médio enquanto o botão fica pressionado contra o final do guarda-mão do fuzil, logo abaixo da parte do exposta do cano. Dependendo da necessidade de se acionar a lanterna, um movimento de tração, puxando-a contra o guarda-mao, é suficiente.

Podemos concluir, portanto, quando falamos em utilização de lanterna tática de empunhadura em conjunto com a arma longa, que as opções são, além de reduzidas, precárias, derivações das posições originariamente desenvolvidas para armas curtas.

Figura 73: policial empunhando lanterna tática, de primeira geração, com botão tipo plugue traseiro ou botão simples traseiro, utilizando a técnica Harries, visão frontal. Atirador destro.

Finalmente, gostaríamos de lembrar de que a técnica de Harries pode ser utilizada conjuntamente com diferentes posições de tiro. Observe a Figura 65 e note como o próprio Michael Harries mantém uma posição de tiro semelhante a posição Chapman, que consiste basicamente em uma variação da posição Weaver, na qual o atirador mantém seu braço forte esticado, praticamente como se estivesse apoiando no ombro deste mesmo braço, a coronha de uma arma longa. Nas Figuras 73 e 74, contudo, você pode observar que o policial mantém uma posição de tiro com os braços semi flexionados, adotando uma posição de tiro que denominamos simplesmente posição de Tiro de Combate, com o tronco posicionado para frente, de maneira inclinada, de forma a oferecer a parte frontal do corpo e não o lado. Isto ocorre por vários motivos, entre eles, o posicionamento frontal do colete balístico e das placas contra munições de alta velocidade e grande energia cinética (placas de cerâmica). Nas laterais, via de regra, a proteção oferecida pelos coletes é menor. Outro fator determinante para a adoção desta posição é a facilidade que proporciona para o deslocamento e, portanto, para o tiro em movimento. Afinal de contas, é muito difícil andar de lado ou mesmo de frente com o corpo de lado. A ressalva que fazemos, todavia, é que os cotovelos devem estar, quando flexionados, voltados para baixo, de forma a ficar em contato com o corpo do atirador, diminuindo a sua silhueta e proporcionando-lhe maior maleabilidade. Este detalhe é importante por dois motivos. Primeiro porque dificulta a retenção da arma do policial por um agressor no interior de recintos confinados, facilitando o movimento por trazer a arma junto ao corpo. Segundo porque diminui a fricção dos cotovelos com cantos de portas, quinas de móveis, batentes de portas, paredes, interruptores de luz e objetos em geral.

Figura 74: policial empunhando lanterna tática, de primeira geração, com botão tipo plugue traseiro ou botão simples traseiro, utilizando a técnica Harries, visão lateral direita. Atirador destro.

O posicionamento paralelo entre o cano da arma e a lanterna é um importante fator a ser observado na técnica de Harries. A qualidade tática desta posição é também fruto da boa estabilização que proporciona à arma de fogo, pela firmeza de uma empunhadura dupla, mesmo que reversa (costas da mão ao invés de palmas estão unidas). Recomendamos, contudo, cuidado ao se utilizar esta técnica, pelo fato de haver um cruzamento entre o braço forte, que empunha a arma, e o braço que empunha a lanterna, que cruza por baixo do outro. O lado positivo deste cruzamento de braços é que acaba por proporcionar maior firmeza, auxiliando ainda mais a estabilização da arma de fogo.

Técnica de Bill Rogers

Também conhecida por posição "Surefire", "cigarro" ou, ainda, "seringa". Ao contrário da técnica de Michael Harries, na desenvolvida por Bill Rogers, o atirador não mantém a lanterna na palma de sua mão, mas a segura entre os dedos, mantendo ambas as mãos praticamente unidas na empunhadura básica de duas mãos. Agora, além de lanterna e cano da arma estarem paralelos, também assim estão os braços do atirador. Geralmente, a escolha entre a posição Harries e a Rogers é questão de adaptação pessoal e varia de atirador para atirador.

O seu desenvolvimento somente foi possível através da incorporação de um anel de borracha no corpo das lanternas com botão tipo plugue traseiro, como as lanternas táticas de primeira geração, permitindo que o policial a segure entre os dedos médio e indicador e, ao mesmo tempo, acione a lanterna através da pressão aplicada contra a palma da mão.

Figura 75: policial empunhando a lanterna tática na posição Rogers.

Perceba que o fato de o policial utilizar a lanterna entre os dedos médio e indicador ou entre o médio e o anelar não altera significativamente a aplicação da técnica e seus princípios. Nossa preferência pelos dedos médio e indicador se dá unicamente em razão do correto alinhamento entre lanterna, pistola e alvo (Nono Princípio). Dessa forma, a lanterna fica um pouco mais inclinada para cima em relação ao cano da arma, o que favorece que seu foco fique direcionado contra a face do agressor enquanto a pistola permanece apontada contra ele, na região do peito.

Figura 76: posição Rogers, vista lateral.

Figura 77: posição Rogers, vista frontal.

Figura 78: lanterna acionada na posição Rogers.

A posição Rogers é, atualmente, a mais utilizada e deve constar, obrigatoriamente, em qualquer currículo de formação de agentes de segurança e policiais. Requer, simplesmente, a adoção de uma lanterna que possua o anel de borracha ao redor do corpo. Infelizmente, com o uso cada vez mais disseminado das lanternas acopladas, os fabricantes de lanternas têm "esquecido" dos anéis de borracha, em geral, tornando inviável a adoção da posição Rogers. Esperamos que esta questão seja revista e que os usuários exijam, cada vez mais, que os equipamentos agreguem novamente este simples, porém importante, recurso tático.

Técnica Vertical

Técnica desenvolvida para facilitar a transição entre as técnicas Rogers e Ayoob. Traz consigo algumas vantagens e desvantagens em relação às outras, reforçando nosso entendimento acerca da necessidade de se treinar várias técnicas em conjunto, a serem utilizadas de acordo com a necessidade tática.

O posicionamento da lanterna é abaixo da mão que está empunhando a arma, do mesmo modo que a técnica Harries trabalha com oposição de forças, contudo, não teremos agora a configuração "costas contra costas" em relação às mãos, mas sim "costas contra base". Isto é, a mão que empunha a lanterna serve de apoio (costas) para a mão que está empunhando a arma (base).

Esta posição é confortável, pois exige menos flexibilidade de punhos e antebraço do que a posição Harries. Traz consigo a desvantagem de dificultar o posicionamento do foco da lanterna contra a face do agressor, entretanto, com um pouco de treinamento este revés pode ser facilmente contornado. Como principal vantagem, o seu conforto em posições de tiro intermediárias, como a posição 3 ou mesmo o pronto alto. Outra característica que nos levou a desenvolver esta posição é a facilidade de enquadramento do "lado fraco", ou seja, o mesmo lado da mão forte.

Trata-se de técnica acessória, desenvolvida sem grandes pretensões, a não ser facilitar a utilização com mais fluidez das técnicas anteriormente descritas. É simples e pode ser executada com qualquer tipo de lanterna, seja tática ou não, com botão tipo plugue ou deslizante, requerendo, para tanto, somente pequenos ajustes na mão que empunha a lanterna.

Sua principal desvantagem, contudo, é não proporcionar empunhadura com a mão fraca. Na técnica Vertical, o que se tem é tão somente maior apoio, vez que utiliza oposição de forças no sentido vertical, daí a sugestão do nome.

A mão que empunha a lanterna pode variar em relação à posição que ocupa, podendo ficar abaixo da base da mão ou ao longo do antebraço, até próximo do cotovelo.

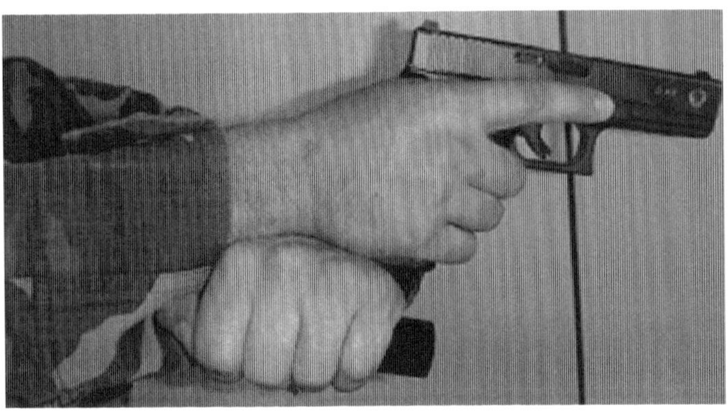

Figura 79: lanterna na posição vertical, vista de perfil.

Figura 80: lanterna na posição vertical, vista frontal.

Figura 81: lanterna na posição vertical, vista frontal. Lanterna acionada.

Técnica FBI Modificada

Trata-se de técnica alternativa, onde o atirador procura manter a lanterna afastada do seu corpo, de preferência ao lado e acima da cabeça. Podemos destacar duas principais vantagens desta técnica. A primeira é que ela confere ao policial maior capacidade de manobra, resultante do somatório da capacidade de fogo (disparos) e de movimentação. É excelente para ser utilizada enquanto o policial se desloca através de ambientes com mobília ou quaisquer outros obstáculos. De acordo com alguns doutrinadores, desde que você mantenha uma distância razoável entre a lanterna e seu corpo, você não estará revelando sua posição exata. Contudo, apresenta algumas desvantagens em relação às posições descritas acima, porque não é possível se estabilizar tão bem a arma, haja vista que a empunhadura é feita com somente uma das mãos.

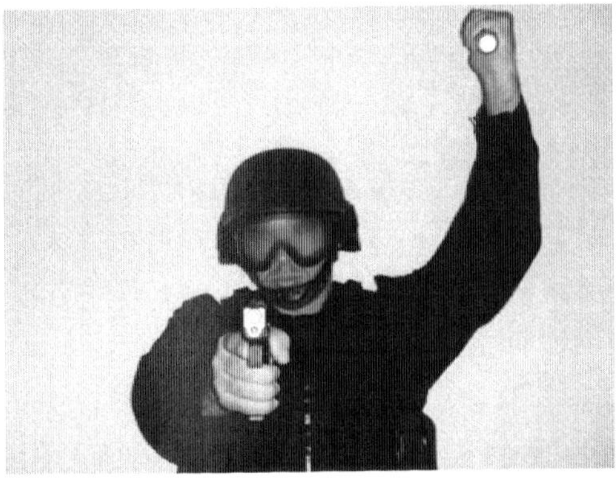

Figura 82: técnica FBI modificada com lanterna acima da cabeça.

É recomendável que o policial mantenha a arma próxima ao corpo, principalmente quando em uma condição de possível CQB. A proximidade com o corpo dificulta o desarme do policial e possibilita melhor aplicação de técnicas de retenção de armas.

Figura 83: técnica FBI modificada com lanterna ao lado do corpo.

A posição FBI modificada é um bom recurso para abordagens, como, por exemplo, a veículos, onde é necessário iluminar seu interior, geralmente através do pára-brisas (principalmente nos casos em que os vidros do veículo sejam revestidos de película).

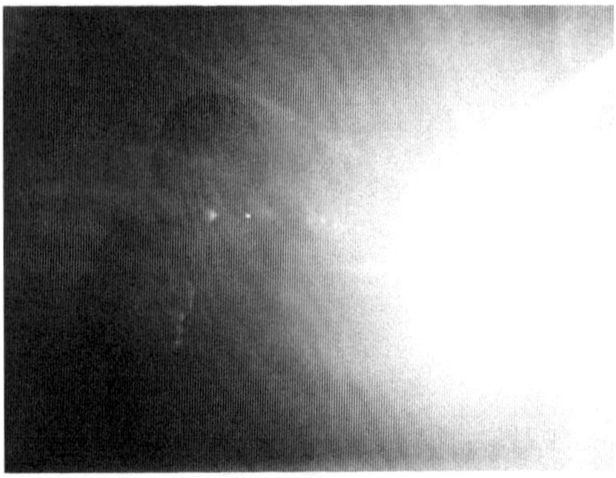

Figura 84: técnica FBI modificada com lanterna acesa ao lado do corpo.

Uma das principais vantagens desta técnica é que, em caso de reação armada, a lanterna, foco de um provável ataque, estará fora do centro em relação às partes mais vitais do corpo do policial, ou seja, cabeça e tronco.

Figura 85: técnica FBI modificada com lanterna ao lado e abaixo do corpo.

Técnica do Pescoço ou *Neck Index*

Técnica desenvolvida como alternativa à técnica FBI (na qual o atirador posiciona a lanterna rente à sua cabeça[49]), serve, entre outros propósitos, para facilitar a transição entre as técnicas Rogers ou Harries e FBI modificada.

Trata-se de uma técnica muito simples, fácil de executar e que possibilita uma boa visada, principalmente quando o policial não dispõe de sistema de

[49] Neste ponto alertamos para o cuidado em não confundir a técnica FBI com a FBI modificada. Na primeira a lanterna é posicionada rente à cabeça do policia, a segunda está descrita no item anterior.

mira florescente, dos tipos que brilham no escuro, como, por exemplo, as miras de tritium. Leva este nome porque sua lanterna ficará "indexada" ao seu pescoço, permanecendo firmemente unida a ele. O termo indexar por si só explica um dos objetivos da posição, que é manter o foco da lanterna centralizado em relação ao corpo do policial, sendo direcionado para o mesmo sentido que o policial se direciona. A lanterna permanece praticamente na linha de visada, por estar alinhada com o pescoço. Eis uma vantagem em relação à técnica FBI tradicional, que deixa a lanterna um pouco mais lateralizada em relação ao corpo, devido ao diâmetro maior da cabeça em relação ao pescoço do policial.

Esta é uma técnica que deve ser utilizada em conjunto e de maneira subsidiária às demais, já que posiciona a lanterna perigosamente próxima à cabeça e ao pescoço do policial, o que o torna alvo fácil quando ao acioná-la, expondo regiões vitais de seu corpo.

Figura 86: técnica "Pescoço" do uso da lanterna.

Técnicas com armas longas[50]

Este artigo foi reproduzido na íntegra a partir do original extraído do site da National Rifle Association. Além de conciso, está escrito de forma clara e narra com precisão algumas técnicas passíveis de serem utilizadas com armas longas. Por isso resolvemos reproduzi-lo de acordo com o original. Trata-se de uma tradução livre realizada pelo autor do livro.

[50] Livre tradução, na íntegra, do artigo "Long Gun Techniches" publicado no site da National Rifle Association (http://www.nrapublications.org/si/HB_longgun.html) extraído no dia 02 de abril de 2011.

Técnica Tocando a Telha ou Tocando o Guarda Mão

Esta variação da técnica Hargreaves proporciona apoio da arma semelhante a uma empunhadura com duas mãos. Além de oferecer maior estabilidade e precisão, gera menores variações do feixe luminoso durante o tiro. A transição para as técnicas FBI Modificada e Cruzada[51] é rápida e fácil e sua manutenção é menos cansativa do que outras técnicas de uso de lanterna com armas longas. Entretanto, somente pode ser utilizada com lanternas de plugue traseiro, além disso, a parte da frente do armamento bloqueia parte do feixe de luz, causando um sombreamento. É praticamente impossível de ser utilizada quando se tem um dos braços feridos, além de posicionar a luz no centro do corpo do policial. A lanterna é posicionada entre a palma da mão e a telha (guarda mão) da arma, com o plugue posicionado contra a parte frontal do carregador. Ao se aplicar força na lanterna, tracionando-a e puxando para trás, ocorre o acionamento. No caso das espingardas calibre 12, a lanterna é presa, pressionando-a contra a parte final da telha ou o zarelho da bandoleira. Dependendo do tipo de ação da arma, o acionamento pode ser feito pressionando o plugue traseiro da lanterna contra qualquer dessas partes.

Figura 87: técnica "tocando a telha ou guarda mão", ou ainda "tocando o receptáculo do carregador" do uso da lanterna.[52]

[51] A técnica Cruzada é a mesma anteriormente descrita por nós com o nome de Harries adaptada para armas longas. Isto porque achamos desnecessário adotarmos outro nome para descrever uma posição que, por princípios, tem como ponto de partida o raciocínio de Michael Harries no desenvolvimento de seu método.

[52] A ressalva que fazemos no caso do operador preferir acionar o botão da lanterna pressionando-a contra o guarda-mão do armamento longo é que, caso seus dedos toquem no cano da arma pode ocorrer alguma queimadura, sobretudo em caso de sequencias rápidas de tiro. Para os que preferirem pressionar a parte posterior da lanterna (botão) contra o receptáculo

Técnica FBI Modificada

Este método é melhor aplicado em submetralhadoras e carabinas de calibres "leves" em distâncias menores. Trata-se de uma imitação, uma tentativa de aproximação para a técnica FBI Modificada, idealizada originalmente para armas curtas. Por isso, traz consigo as mesmas vantagens e desvantagens, com o agravo da dificuldade de ter de se dominar a arma longa com somente uma das mãos[53]. A técnica é obtida através da empunhadura invertida da lanterna do tipo "picador de gelo", com o braço posicionado na lateral do corpo. Para se prevenir que o operador ilumine a si mesmo, a lanterna é ligeiramente posicionada a frente da parte anterior do corpo do policial. A mão que empunha a lanterna é posicionada de maneira invertida, porém, quando não está sendo utilizada, ela pode voltar a empunhar o fuzil através do guarda mão, com a palma voltada normalmente para cima.

Figura 88: técnica FBI Modificada adaptada para armas longas.[54]

do carregador pode haver certa dificuldade em manter o foco da lanterna posicionado para cima, principalmente nos casos em que o operador utilize bandoleiras que são fixadas no próprio guarda-mão, como, por exemplo, alguns modelos que são de dois pontos, podendo serem convertidas rapidamente em bandoleiras de três pontos.

[53] Este inconveniente será mitigado caso o operador utilize um armamento com ergonomia que favoreça o manuseio com o uso de somente uma das mãos, como é o caso, por exemplo, da submetralhadora FN&Herstal P90 calibre 5,7.

[54] Perceba como é importante o uso de uma boa bandoleira para auxiliar a estabilização do armamento longo quando usamos esta técnica, já que a mão fraca deixa momentaneamente a empunhadura da arma.

Técnica Cruzada

A técnica Cruzada pode ser utilizada de três maneiras diferentes, cada qual com seus prós e contras. De modo geral, a técnica funciona bem com lanternas de tamanhos variados. Provê estabilidade e, conseqüentemente, maior precisão, além de maior facilidade de transição para as técnicas FBI Modificada ou apoiada ao guarda mão (Tocando o Guarda Mão). Nas Variantes número 1 (Figura 86, topo) e 2, a lanterna é mantida fora da linha do centro do corpo do atirador. As versões número 2 e 3 mantêm a arma mais segura junto ao corpo do atirador, proporcionando maior apoio. Contudo, todas as variações pecam por manter o foco da luz durante o recuo da arma, o que faz com que a lanterna se mova também. A variante número 3 deixa a lanterna alinhada ao centro do corpo do atirador. A número 2 é ergonomicamente incômoda, requerendo, para sua realização, a adoção da posição de tiro Weaver.

Nas três variações para a técnica Cruzada, a lanterna é empunhada como um "picador de gelo", com o antebraço do lado da mão que a empunha servindo de suporte para a arma longa. A Variação número 1 mantêm o antebraço da mão que empunha a lanterna posicionado abaixo da parte de trás do fuzil, fazendo com que fique posicionada ao lado da arma. Para a Variante número 2, o carregador ou o punho da arma é pressionado contra o bíceps do atirador. O armamento fica posicionado acima do braço, com o cotovelo apontado para a frente, na direção do cano, e a lanterna posicionada ao lado da coronha da arma. Na Variante número 3, a costa da mão que empunha a lanterna é pressionada contra a arma, proporcionando suporte através da tensão isométrica. Em armas curtas trata-se da posição Harries.

Muitas vezes, os números "pintam uma imagem imprecisa", mas este não é o caso dos dados observados nos relatórios LEOKA de 2006. Se algo positivo puder ser extraído daquelas trágicas mortes, seria o aprendizado sobre a importância de se saber utilizar uma lanterna tática para sua defesa em situações de baixa luminosidade, justamente para que você não se transforme em estatística.

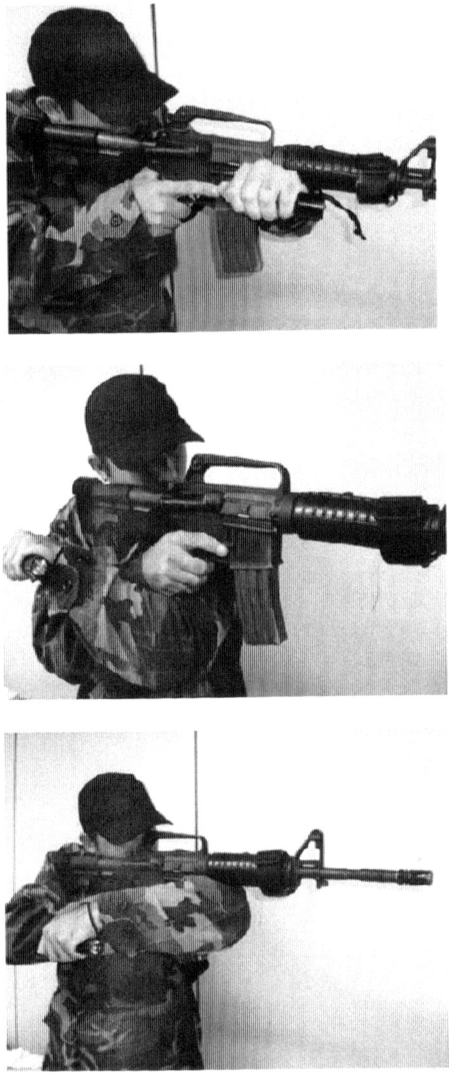

Figura 89: técnica Cruzada, também denominada Harries modificada para armas longas. De cima para baixo as variantes 1, 2 e 3.

Escolha da Técnica

-"Tornando-se um consciente criador de escolhas,
você começa a gerar ações que são
evolucionárias para você."
Deepak Chopra

Como alertamos anteriormente, por várias vezes presenciei policiais, geralmente instrutores de disciplinas como armamento e tiro ou técnicas operacionais, discutirem profundamente sobre a supremacia de uma técnica de tiro em baixa visibilidade sobre outra. Trata-se de um equívoco. A resposta para a pergunta "Qual a melhor técnica de uso da pistola em baixa visibilidade?" não pode ser dada de maneira conclusiva. Como dissemos anteriormente, o trabalho policial é situacional, ou seja, é dinâmico, mutante, portanto modificável de acordo com as diferentes nuances que podem revestir uma situação real e suas variantes. Podemos, fundamentados neste raciocínio, afirmar que não existe uma técnica perfeita, mas que as técnicas devem ser utilizadas em conjunto, de forma a se extrair o máximo de benefícios de cada uma delas e não simplesmente, embasar-se em um raciocínio simplista, ao escolher uma única técnica. Isto importaria abandonar tantas outras que podem ser de vital importância em determinados casos específicos. Como dissemos, um dos Princípios das Operações é a simplicidade, enquanto a versatilidade constitui-se em verdadeiro mandamento. Portanto, aliar um conjunto reduzido de ações a ser adotado com a clareza produzida pela certeza de se escolher, dentre um rol de técnicas disponíveis, aquelas que proporcionem maior economia de meios, é a atitude mais desejável para nossos instrutores enquanto formadores.

Podemos afirmar, com segurança, portanto, que não existe a melhor técnica de tiro em baixa visibilidade a ser utilizada com exclusividade. Antes disso, o que afirmamos é que existe um conjunto de técnicas que devem ser treinadas e utilizadas de acordo com a necessidade tática e disponibilidade de equipamento. Lembre-se do Décimo Princípio já estudado: Domine as principais técnicas do uso da lanterna!

Psicologia do Comportamento Humano em Condições de Baixa Visibilidade

José Jacinto Maia Neto[55]

A proposta deste artigo é tentarmos entender um pouco melhor o comportamento dos policiais em situações de baixa luminosidade. Uma das questões que gostaríamos de tratar é a explicação para, mesmo estando em uma situação em que acender sua própria iluminação torna-o alvo fácil, algo dentro deste sujeito (policial), parecendo ter vida própria, acaba movimentando-o a querer sair daquela escuridão e ligar sua luz. Esta situação nos remete aos primórdios da humanidade, quando o homem ainda vivia em cavernas, naquele estágio de desenvolvimento do ser humano, a questão de luz/escuridão acionava rapidamente seu instinto de sobrevivência. A situação de ausência de luz era associada a risco de vida. De fato, quando era noite era a hora dos predadores saírem para caçar, assim era a dinâmica da vida naquele estágio da humanidade.

Além desse aspecto, o risco de tornar-se presa, diante da escuridão, existe também a questão figurativa, da consciência sendo "devorada" pelo inconsciente. Em "A história da origem da consciência" o autor alemão Erich Neumann (1905-1961), traça a trajetória do nascimento da consciência. Para isto, ele utiliza o mito de *uroboros*. O *uroboro* é um símbolo cosmológico representado por uma serpente dragão mordendo a própria cauda. Utilizamos o mito devido ao fato de "o conhecimento inconsciente do fundamento da vida e das relações entre ela e o homem está registrado no ritual e no mito"[56]. Este símbolo redondo pode ser entendido como um grande ventre que contém a totalidade psíquica, como o ventre primal, como um grande símbolo da originação.

Para melhor compreensão, vejamos, existem situações em que simplesmente "perdemos" a consciência, como, por exemplo, quando fazemos uma longa viagem de automóvel e não notamos ou não guardamos nada por onde passamos. Neste caso podemos dizer que passamos por ali inconscientemen-

---

[55] Psicólogo clínico e pesquisador formado pela Universidade Estadual de Maringá.

[56] Erich Neumann. A História da Origem da Consciência. 3º edição, São Paulo: Cultrix, 2003, p.30.

te. Voltando ao passado, percebemos que tanto o ego/consciência quanto o inconsciente estão contidos naquele grande ventre urobórico, ambos estão protegidos, não precisam esforçar-se para existir. Neumann afirma que este estágio pode ser entendido como a infância da humanidade. Neste estágio, nossa psique está livre das tensões, da qual é feita a vida, visto que, esta se constitui de polaridades complementares, como noite/dia/, frio/calor, masculino/feminino etc. Por exemplo, se houvesse somente noite e não houvesse dia, a terra não teria desenvolvido toda sua capacidade de gerar vida. Quanto à existência e sobrevivência da consciência, frente ao inconsciente, Neumann compreende que a tendência do grande círculo, a saber, a uroboros, é de conservar, envolver tudo aquilo que deu origem. Ressalte-se que a emancipação do consciente do inconsciente é realizada a duras penas. Podemos observar isto nos mitos do herói, que passa por tarefas quase intransponíveis para conquistar algo. Este algo é exatamente a independência, a separação do mais forte e mais poderoso, o inconsciente.

Quanto à alternância diária entre luz/escuridão, dia/noite, para aquele homem compreendido como representante da infância da humanidade, a noite significava que os perigos estariam à espreita. Com isso, foram estampadas naquelas mentes, memórias de ausência de luz como sendo sinônimo de perigo. Ainda hoje, em algumas comunidades indígenas isoladas, quando o dia se vai e a noite vem, surge com ela o medo de ser devorado por serpentes gigantes ou por monstros noturnos. Seguindo com a idéia de memórias, vale ressaltar que elas são atemporais. Constantemente vemos atos de pura irracionalidade no chamado homem moderno. Segundo Carl Gustav Jung[57], a humanidade possui apenas um verniz de civilização. Antes dela, contudo, as divergências eram resolvidas pela via do "ou eu, ou ele", isto é, somente um poderia existir.

Para o homem atual, as situações de escuridão automaticamente acionam aquelas experiências passadas, herdadas psicologicamente, como "patrimônio" ancestral. Diante do negrume, emerge, em primeira mão, no combatente, seu instinto, pois este antes da consciência.

Tratando-se da evolução do homem, o lóbulo pré-frontal ou neocórtex[58] é

[57] Carl Gustav Jung, psiquiatra suíço, viveu de 1875-1961, fundador da Psicologia Analítica ou mais conhecida como Psicologia Junguiana.

[58] Neocórtex, parte do cérebro conhecida como, "novo córtex" ou o "córtex mais recente" é a denominação que recebem todas as áreas mais evoluidas do córtex. Recebe este nome pois no processo evolutivo é a região do cérebro mais recentemente evoluída.

mais recente na escala evolutiva. Alguns estudiosos compreendem que o neocórtex é um produto tardio, com isto podemos entender que o nascimento da consciência coincide com a escala evolutiva do néocortex, visto que neste momento o homem adquire capacidade cognitiva. Dito isto, num primeiro momento quem é mais forte em qualquer situação de perigo, é o mais antigo, por isso, a reação de acender a luz inicialmente. Dessa forma, portanto, podemos compreendê-la como natural e instintiva. Há, pois, uma hierarquia fisiológica nesta decisão de acender ou não a luz. Como nosso tronco cerebral é quem governa nossas ações instintivas, é como se este saltasse à frente na tomada de decisões, já que a ação reflexiva também é um produto novo para a vida humana.

Esta irracionalidade, é que por força própria, acaba interferindo na decisão daquele agente que em situação de perigo busca uma solução o mais rápido possível. Na iminência do perigo, entretanto, nem sempre optamos pela melhor saída. Nessas horas entra em cena o condicionamento proporcionado pelo treinamento e repetição. É importante sabermos que toda essa herança ancestral influencia de maneira direta este homem moderno visto que as memórias de risco de vida não se apagaram de sua psique, ficando tudo isso armazenado numa área de seu cérebro, a saber, no sistema límbico e no tronco cerebral[59]. Isto pode ser explicado assim: "algumas reações e lembranças emocionais podem formar-se sem que haja nenhuma participação consciente e cognitiva"[60]. Isto quer dizer que dependendo do momento e da situação, certas reações acontecem independentes do racional, sem serem processadas pelo neocórtex. Estas descobertas foram feitas pelo cientista francês LeDoux[61], que por meio de suas pesquisas descobriu que algumas ligações

---

[59] Sistema límbico parte do cérebro situada na superfície medial do cérebro dos mamíferos, o sistema límbico é a unidade responsável pelas emoções. É uma região constituída de neurônios. Através do sistema nervoso autônomo, ele comanda certos comportamentos necessários à sobrevivência de todos os mamíferos, interferindo positiva ou negativamente no funcionamento visceral e na regulamentação metabólica de todo o organismo.

[60] Rosana de Freitas, apud, Daniel Goleman "Inteligência Emocional", O processo de formação e transformação dos complexos emocionais, 2009, p. 33.

[61] Joseph E. Ledoux (1949), neurocientista, professor de neurociência e psicologia na Universidade de Nova York. He is also the director of the Center for the Neuroscience of Fear and Anxiety , multi-university Center in New York City devoted to using animal research to understand pathological fear and anxiety in humans. Também é o diretor do Centro de Neurociências de medo e ansiedade. Dedica pesquisas com animais para entender o medo patológico e ansiedade em seres humanos. He received his Ph.D. in 1977 at the State University of New York at Stony Brook . Recebeu seu Ph.D. em 1977 na Universidade Estadual de Nova York, em Stony Brook.

nervosas vão das percepções sensoriais diretamente para a amígdala[62], uma estrutura do cérebro.

Stemme[63] (2004) e Goleman (1995) também se referem a essa descoberta afirmando que há um pequeno feixe de neurônios que vai direto do tálamo[64] à amígdala, o que permite que esta última receba informações diretas dos sentidos, iniciando uma resposta antes mesmo que esses sinais tenham sido processados pelo neocórtex. Goleman continua explanando esse processo narrando que:

> "Essa descoberta invalida totalmente a tese de que a amígdala dependa inteiramente de sinais do neocórtex para formular suas reações emocionais. A amígdala pode acionar uma resposta emocional através dessa rota de emergência, no momento exato em que um circuito ressonante paralelo se inicia entre a amígdala e o neocórtex. A amígdala pode fazer com que nos lancemos à ação, enquanto o neocórtex – um pouco mais lento, porém mais plenamente informado – traça um plano de reação mais refinado (GOLEMAN, 1995, p.33).

Para sermos um pouco mais práticos, vejamos um exemplo: imagine-se em uma caverna escura. Ao perceber algo se movendo em seu braço, como você poderá ter certeza de que se trata de uma barata ou de um escorpião? A escuridão, portanto, tira nossa capacidade de discernir. Ao ser privado do sentido da visão simplesmente perdemos a dimensão do perigo em que nos encontramos. A conseqüência prática é a seguinte: se for uma barata tudo

---

[62] As amígdalas cerebelosas são grupos de neurônios que, juntos, formam uma massa esferóide de substância cinzenta com cerca de dois centímetros de diâmetro, situada no pólo temporal do hemisfério cerebral de grande parte dos vertebrados, incluindo o homem. Esta região do cérebro faz parte do sistema límbico e é um importante centro regulador do comportamento sexual e da agressividade. Este conjunto nuclear é também importante para os conteúdos emocionais das nossas memórias.

[63] Fritz Stemme, "O poder das Emoções" – A descoberta da inteligência emocional. 9. ed. São Paulo: Cultrix, 2004.

[64] O tálamo é um centro de organização cerebral, como uma encruzilhada de diversas vias neuronais em que podem influenciar-se mutuamente antes de serem redistribuidas. Suas ligações mais abundantes são, de longe, com o córtex. A principal função do tálamo é servir de estação de reorganização dos estímulos vindos da periferia e do tronco cerebral e também de alguns vindos de centros superiores. Lá fazem sinapse os axónios dos neurónios situados nesses locais, e daí partem novos axónios que vão efetuar ligações com outros centros superiores, principalmente o córtex. Quase todos os sinais ascendentes que vão para o córtex fazem sinapse nos núcleos do tálamo onde são reorganizados e/ou controlados, excetuando o sentido do olfato.

bem, mas, e se for um escorpião? Na escuridão fica mais difícil estabelecermos estratégias, já que perdemos a dimensão real da situação, novamente o que é acordado em nós é nosso instinto de sobrevivência.

Falando em instinto, em nosso cotidiano esta expressão é constantemente ouvida, por isso cabe aqui fazermos uma explanação sobre este conceito. O que é acionado tanto no combatente quanto em nós em situações de perigo, é o nosso instinto de sobrevivência. Podemos entender que os instintos são forças motrizes especificamente formadas. Eles não são vagos e indeterminados, geralmente aparecem como necessidades, são fatores impessoais, não dependem de nós para que os instintos existam.

De acordo com Jung[65]:

> "Os instintos são formas típicas de comportamento, e todas as vezes que nos deparamos com formas de reação que se repetem de maneira uniforme e regular, trata-se de um instinto, quer esteja associado a um motivo consciente ou não".

Esse mesmo autor traz um exemplo bastante claro sobre reações instintivas. Diz que ao nos depararmos com uma cobra nossa reação instintiva é nos afastarmos deste animal, noutro momento quando nos deparamos com uma galinha, naturalmente não nos afastamos rapidamente, geralmente esta última, não nos provoca medo. Todavia, é importante observarmos que em certas situações algumas pessoas podem se afastar da galinha, temendo-a. Neste caso entra em cena outro mecanismo de reação, a saber, a fobia. A diferença consiste no fato de que afastar-se da serpente não ocorre somente aqui no Brasil, pode ocorrer no Japão, na Rússia, ou seja, segue um padrão de comportamento. Por outro lado, o medo da galinha não é um comportamento universal, muito pelo contrário.

Desta forma, não há como falarmos de instinto sem antes falarmos do inconsciente. Este pode ser assim explicado:

> "[...] a totalidade de todos os fenômenos psíquicos em que falta a qualidade da consciência. Podemos classificar adequadamente os conteúdos psíquicos como *subliminares*, na suposição de que todo conteúdo psíquico deve possuir um certo valor energético que o capacita a se tornar consciente."[66]

[65] Carl Gustav Jung, "A natureza da psique". 5º edição, volume VIII/2, Petrópolis: Vozes, 2000, p.71.

[66] Carl Gustav Jung, "A natureza da psique". 5º edição, volume VIII/2, Petrópolis: Vozes, 2000, p.69.

O inconsciente pessoal não é apenas um receptáculo de lembranças perdidas. Além disso, temos também aquelas experiências incômodas que reprimimos intencionalmente ou não. Entretanto, o inconsciente não se limita somente a esses aspectos, é também povoado de qualidades que não foram adquiridas individualmente por meio da biografia do indivíduo, mas sim herdadas, aqui podemos citar os instintos, estes são "impulsos destinados a produzir ações que resultam de uma necessidade interior, sem uma motivação consciente."[67]. Para entendermos esta citação podemos relembrar do início deste artigo, a citação que diz que algumas de nossas reações não passam pelo néocortex, ou seja, não são processadas racionalmente. Por outro lado, o inconsciente coletivo abrange os instintos e os arquétipos, estes últimos podem ser definidos como "[...] as formas a *priori*[68], inatas de intuição, quais sejam os *arquétipos* da percepção e da apreensão que são determinantes necessárias a *priori* de todos os processos psíquicos."[69] Assim sendo, essas forças instintivas nos impelem a adotarmos uma forma de existência especificamente humana. Os arquétipos nos levam a reagir como daquele modo que nossos antepassados sempre reagiram antes de nós. Por fim, Jung (2002) compreendeu estas disposições como uma "forma primitiva de agir", ou ainda como um "tipo impresso na alma".

Quando citamos fatos concretos a teoria fica mais digerível. Desta maneira, para entendermos o que significa uma reação instintiva, podemos lembrar um caso que saiu em rede nacional, no qual uma mãe, sem saber nadar, atirou-se num tanque para salvar o filho que estava se afogando. Este episódio aconteceu no interior de São Paulo, na cidade de Franca, em janeiro de 2007. Um garoto de sete anos brincava perto de um tanque de quatro metros de profundidade, de onde a mãe buscava água. Em um momento de descuido, o menino caiu neste tanque e começou a afogar-se, a mãe desesperada, mesmo sem saber nadar atira-se ao tanque, debate-se na água e com ajuda de moradores consegue salvar o filho. Este é um clássico caso de instinto materno, a mãe age instintivamente tirando o filho das águas mesmo sem saber nadar.

A reflexão é algo novo no homem, de modo geral somos muito reativos, funcionamos como aqueles tijolos refratários em que apenas devolvem o calor

---

[67] Idem.

[68] A expressão "a priori" designa um qualificativo do conhecimento: conhecemos algo a priori quando o conhecemos sem necessidade de recorrer à experiência. Pelo contrário, conhecemos algo a posteriori se o conhecemos recorrendo necessariamente à experiência.

[69] Carl Gustav Jung, "A natureza da psique". 5º edição, volume VIII/2, Petrópolis: Vozes, 2000, p.69.

que chega até eles. Em contrapartida, ao refletirmos sobre um evento, podemos ter um poder sobre aquilo, não somos devorados pela ação mecânica do inconsciente. Para entendermos quanto somos reativos, basta tomarmos uma fechada no trânsito que nossa primeira reação é tratar o outro condutor como nosso adversário, impingindo sobre ele pragas e males, desde olhares destruidores a xingamentos. A reflexão traz um estado diferenciado, ela nos tira do homem de 20.000 anos e nos conduz a este homem moderno que busca tornar-se mais senhor de si, a uma condição humana mais elevada.

Após explorarmos o tema instinto e outras estruturas que compõem a psique, retomamos a questão crucial na lida do combatente, referente às suas tomadas de decisões diante de situações de perigo em que acender sua iluminação é correr risco de vida. Para driblarmos essa poderosa força que sempre salta primeiro na tentativa de resolver situações complexas, é necessário que estejamos acordados. O que queremos dizer com o estar acordado? Logicamente isso é uma força de expressão, quer dizer que devemos estar conscientes, visto que, quando mais consciente estamos, maior nossa capacidade de nos mantermos lúcidos e refletir sobre dada situação. Quanto ao nosso combatente, apresentaremos a partir de agora dois poderosos instrumentos utilizados pela Psicologia Junguiana os quais poderão proporcionar-lhe um salto de qualidade de seu equilíbrio emocional diante das situações de risco. Estes dois recursos são "presentificação" e "auto-observação".

O primeiro recurso, muito utilizado pela psicologia Junguiana, é conhecido por "presentificação". O termo por si só já se explica que seria o estar presente na ação, por intermédio de nossos cinco sentidos, tato, olfato, paladar, visão e audição, podemos manter nossa lucidez em qualquer situação que seja. Nesta condição de estado de vigília consciente, assim como o sentinela que vigia seu posto ou sua casa, podemos determinar posto como sendo nossa mente, e este estado de consciência é nosso antídoto contra ações intempestivas ou mecânicas. Já foi apontada, noutro momento deste artigo, a questão do medo do consciente ser devorado pelo inconsciente, do medo de sermos invadidos por conteúdos inconscientes e atuarmos de forma mecânica e irrefletida, o que pode nos trazer inúmeros prejuízos.

Existem algumas maneiras de exercitarmos a presentificação, como por exemplo, no decorrer do dia, prestar atenção nas atividades rotineiras que entendemos sem importância, como tomar banho, limpar um jardim, passear com o cachorro, abastecer o carro, lavar louça, entre outras. São nessas aparentes vivências do cotidiano que a vida acontece, pois, qualquer atividade pode ser meditativa. Tomemos o exmplo do *snipper* - atirador de precisão - que ao preparar seu material de trabalho deve estar atento a pequenos detalhes, já que estes podem lhe custar no momento do combate, caso se esqueça de levar em sua bagagem uma calculadora, tal esquecimento poderá lhe trazer sérios prejuízos. Se tomarmos o leitor de empréstimo, poderíamos fazer uma simples sondagem, pegue sua última semana, por exemplo: você lembra-se do que jantou no último domingo e na última segunda-feira? Na última terça-feira, como estava seu estado de ânimo, estava bem ou mal-humorado? Que roupa sua ou seu esposo estava usando no dia de ontem? Estas perguntinhas podem ajudar-nos a compreender melhor o que é presentificação. Por fim, Jung numa de suas obras diz que, faz a maior diferença do mundo vivermos conscientes ou não.

O segundo poderoso instrumento psicológico apontado acima, que nos ajuda a driblar nossos mecanismos de defesa e nosso automatismo, é a chamada auto-obsevação. Vale lembrar que nosso organismo, para sua própria proteção, desenvolve alguns mecanismos de defesa, todavia, alguns destes deveriam ter prazo de validade. Mecanismo de defesa é um recurso utilizado pelo complexo do eu, mais conhecido por ego, na tentativa de se proteger. Isto ocorre porque o ego, em algumas circunstâncias da vida, não consegue dar conta de um conteúdo que lhe parece indigesto, ou melhor, que parece superior a sua capacidade de assimilar algumas informações que chegam até a mente consciente. Normalmente aquelas informações referem-se a conteúdos desagradáveis, que contrariam o ego que julga ser o centro da psique. Suponhamos que um atleta machuca, por exemplo, o joelho, mais especificamente um ligamento cruzado anterior. Em um primeiro momento sua tendência será mancar, para própria proteção daquele órgão afetado. Porém, um mecanismo de defesa usado constantemente poderá comprometer a recuperação daquele atleta. Assim também acontece conosco de maneira geral com relação à nossa psique. Devido a algumas experiências vividas por nossos antepassados e durante nossa própria biografia, vamos herdando e adquirindo tendências a nos comportarmos de certa maneira diante de tal situação. Por exemplo, um indivíduo que no decorrer de sua vida sempre se entendeu como aquele que sabe tudo, o famoso "sabichão", buscando sempre impressionar e colocar-se acima dos outros, pode desenvolver uma postura de inflação, no sentido de atribuir-se um valor superior do que realmente possui. Este sujeito tende a vender uma imagem além da verdade, a inflação serve-lhe como um mecanismo de defesa, porque no fundo o que um pode estar escondendo é, na realidade, um complexo de menos valia.

Precisamos deixar claro que estamos lidando com questões que acompanham o homem desde sua criação e desenvolvimento. Diante dos perigos, estando acordado e consciente, nosso agente poderá tomar decisões diferentes daquelas que seus instintos o incitam a agir. Neste estado diferenciado podemos ter uma dimensão real dos fatos, é exatamente aqui que entra o recurso de auto-observação, que nos ajuda a humanizar nossos instintos. Diríamos ainda que, posta em prática e bem treinada, poderíamos transformar instintos não desejáveis em ações reflexivas desejadas.

Auto-observação consiste, pois, em nossa capacidade de abordarmos nosso mundo interior, contudo sem nos misturarmos a ele. É perceber o que está acontecendo internamente, sem que haja, entretanto, envolvimento com aquela emoção que está formando-se. Auto-observação é:

> "A consciência do mundo interior abrange o contato sensorial presente em acontecimentos interiores como a sensação dentro da pele, cócegas, tensões musculares e movimentos, manifestações físicas de sentimentos e emoções, desconforto, bem-estar, etc."[70]

Interessante que a auto-observação acontece livre de julgamentos, protegendo-nos de teorizações e interpretações errôneas, fazendo uma verdadeira

> "[...] síntese do passado, do presente e do futuro. As lembranças do passado são memórias de experiências reais e é em função dessas experiências que a pessoa faz leituras e age no presente. No futuro está o germe de forças poderosas que incitam o ser humano a ir adiante."[71]

Converte-se em exercício de perceber nossos processos mentais acontecendo, e tendo a possibilidade de transformá-los, modificá-los. Por meio deste valioso recurso podemos nos tornar seres mais autônomos e independentes de nossos próprios processos psíquicos.

No tocante à proposta de nos tornarmos mais humanos e mais conscientes, vale lembrar outro ponto importantíssimo. Quando as coisas estão bem, há uma tendência de nosso cognitivo entrar em cena, isto quer dizer que

---

[70] Rosana de Freitas, "O processo de formação e transformação dos complexos emocionais", Monografia apresentada ao Curso de Especialização em Psicologia Junguiana – Unidade de Ensino Superior Ingá S/C Ltda, como requisito à obtenção do título de Especialista. 2009, p.97.

[71] Idem

cognição e conhecimento não são o mesmo que ter consciência. Ter conhecimento das coisas é apenas uma parte, a outra parte refere-se a essa difícil tarefa de aprendermos a lidar com nosso homem primitivo que age por puro instinto de auto-preservação em situações de conflito.

A Visão em Condições de Baixa Luminosidade

Para aqueles que desejarem buscar mais informações sobre o assunto recomendamos que busquem o aconselhamento com um médico oftalmologista. A intenção deste capítulo é tão somente, a partir de conhecimentos extremamente superficiais, demonstrar que a o estado geral de saúde do policial, assim como sua fisiologia, podem influenciar de modo positivo ou negativo na adaptabilidade às variações luminosas no ambiente, sem a pretensão de aprofundarmos em um assunto que sabemos não ser objeto de nosso conhecimento.

Para entendermos o conceito de baixa luminosidade devemos, antes de tudo, conceituar luminosidade zero. É comum que policiais com treinamento deficiente ou mesmo sem experiência em operações noturnas subestimem a sua capacidade de enxergar em condições de baixa luminosidade. Como explicamos acima, nosso objetivo neste capítulo não vai além de procurar fornecer ao policial conhecimentos básicos para o melhor aproveitamento da luz disponível no ambiente, além de técnicas de adaptação fisiológica.

O olho humano possui, basicamente, dois tipos de células de interesse para o combate em baixa luminosidade. O primeiro que estudaremos chama-se Bastonete. São células foto-receptoras da retina e sua atuação mais importante se dá em situações de luminosidade baixa. Estão presentes em número de aproximadamente 120 milhões em cada olho. São responsáveis pela visão periférica, estando concentradas nas extremidades da retina. Os Bastonetes são cem vezes mais sensíveis a luz do que Cones, contudo, detectam apenas tons de cinza.

O segundo tipo de célula de interesse ao combate em baixa luminosidade são os **Cones**, foto-receptores responsáveis pela visão nítida e pela visão das cores. Estão presentes em número de aproximadamente seis milhões, concentrados na região central (fóvea) do olho humano.

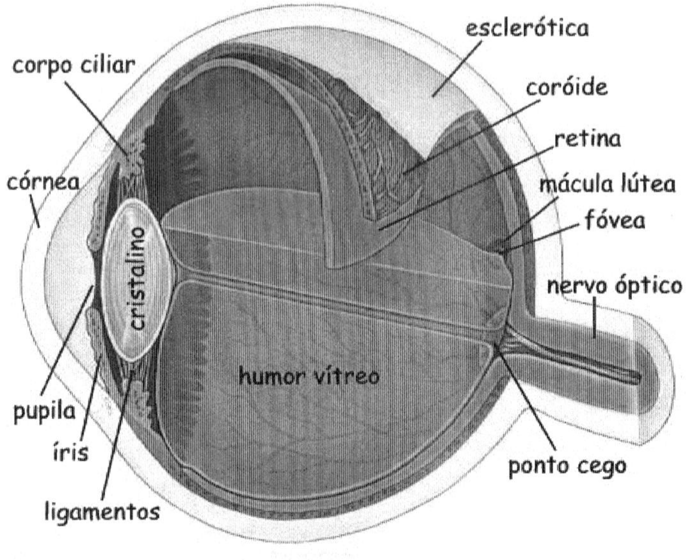

Figura 90: Olho humano simplificado – extraído da página da internet: http://profs.ccems.pt/PaulaFrota/olho.htm.

A "captação" da luz pelo olho humano ocorre através de uma proteína denominada rodopsina. Trata-se de proteína sintetizada a partir da vitamina A, responsável pela captação de luz nos bastonetes.

A falha na síntese da rodopsina está intimamente ligada a um a doença, conhecida por Cegueira Noturna, conhecida pelos Egípcios a mais de 3000 anos, relatada por Hipócrates, intimamente ligada a fatores como alimentação, tabagismo, utilização indiscriminada de computadores e exposição ao sol.

A rodopsina é fotossensível, sendo degradada pela luz. Existem basicamente duas maneiras de o olho humano adaptar-se a condições de baixa luminosidade. A primeira é através da "regulagem" da quantidade de luz que irá adentrar no olho humano, por meio da dilatação ou contração da pupila (termo oriundo do latim *pupilla - menininha*), ou menina dos olhos. Como o orifício é de diâmetro regulável, depende de fatores físiológicos. A segunda, depende da capacidade do organismo em sintetizar a rodopsina que será utilizada no processo de absorção de luz. Assim, quanto mais estressado o organismo, menor será sua capacidade de sintetizar esta proteína. Exemplificando, imagine um policial que irá realizar uma entrada tática, às 7:00h da manhã. No dia anterior o policial passa até as 02:00h em frente a tela de um computador e dorme por apenas três horas (até as 5:00h da manhã). Ao adentrar o recinto, o que ocorre com o dia já claro, em condições externas de boa luminosidade, o policial depara-se com uma situação interna de baixa luminosidade, já que seu olho estava adaptado a uma condição inversa do lado de fora da edificação. As horas de exposição frente a tela do computador consumiram a rodopsina disponível nos bastonetes. Somado ao fato de que, durante o período de descanso, o policial não observou um número de horas mínimo de sono, possibilitando ao organismo recuperar seu estoque de rodopsina, o resultado será uma maior dificuldade de enxergar em situação de baixa luminosidade como a descrita, fazendo com que o policial perca frações de segundo, fundamentais em um processo de entrada tática, comprometendo o princípio da segurança.

Além dos fatores fisiológicos relacionados pura e simplesmente com a captação de luz pelo olho humano e suas estruturas, ainda existem fatores relacionados às peculiaridades de cada tipo de combate. Temos fatores com os altos níveis de estresse, presença de grande quantidade do hormônio adrenalina na corrente sanguínea proporcionando, entre outros efeitos, a vaso-constrição periférica que resulta na perda do controle motor fino e taquicardia. O estresse provoca, ainda, a chamada "visão em túnel", um perigoso efeito que, somado à audição seletiva, dificulta a percepção do perigo por parte do policial em ação.

Recomendações Finais

Neste capítulo traçaremos algumas observações resultantes de experiências vivenciadas ao longo da profissão que cremos interessante. Utilizando um termo do ambiente militar, os conhecidos "*bizus*", ou seja, pequenas dicas que passamos adiante de maneira despretensiosa, apreendidas das missões policiais reais ou de situações vividas em treinamento, com o objetivo de facilitar a vida do operador, abreviando o espaço existente entre aprendizado e prática. Mas como dizem, "se conselho fosse bom não se dava, se vendia", portanto, espero que estes sejam bons, pois é exatamente o que fiz ao chamá-los eufemisticamente de "recomendações" e colocá-los em um livro. São, pois, nada mais do que "conselhos vendidos".

> 1 – Tome muito cuidado antes de lançar uma granada "Luz e Som" em recintos fechados, em situações de baixa visibilidade. As conhecidas "Flash Bang" são granadas ofensivas, com a função de causar surpresa, confusão e desorientação nos provocadores de eventos críticos, utilizadas por ocasião de uma entrada tática, principalmente na modalidade sistemática, não se excluindo, contudo, seu uso também nas denominadas entradas dinâmicas. Ocorre que a deflagração do chamado "Misto Ofuscante", que traz uma mistura de pólvora e magnésio, provoca a emissão de grande quantidade de fumaça. Via de regra, logo após a explosão do artefato, se adentra o recinto, o qual, além de escuro (baixa luminosidade), estará impregnado com fumaça (baixa visibilidade). Para complicar ainda mais, os policiais irão acender suas lanternas, provocando o que conhecemos por "Efeito Neblina", que nada mais é do que a reflexão da luz ao entrar em contato com a fumaça e partículas de poeira no ambiente. Como sabemos, uma das três características da explosão é a sobrepressão, que causa o deslocamento de ar, com conseqüente movimentação das partículas de poeira assentadas sobre o solo para a atmosfera. Portanto, em um ambiente onde, inicialmente, o problema seria a baixa luminosidade, facilmente solucionável com o acionamento da lanterna tática e o uso das técnicas e os princípios consagrados neste livro, agora passo a ter de enfrentar a baixa luminosidade e baixa visibilidade, impossíveis de serem sanadas pelo acionamento da lanterna que, nesta situação, somente irá atrapalhar, causando o ofuscamento para o próprio policial devido ao "Efeito Neblina". Portanto, em situações de baixa luminosidade, onde possa ser necessário o

acionamento da lanterna tática, não recomendamos o uso da granada luz e som de maneira direta. A mesma pode ser utilizada como parte de uma estratégia de ação indireta, como, por exemplo, provocadora de efeito diversionário. Como exemplo, em determinado treinamento de Entrada Tática em ambiente com baixa luminosidade, no Comando de Operações Táticas, ao fazermos o uso da granada Luz e Som, mal conseguíamos identificar um alvo que estava a menos de 1,5 metros de distância. Como, para se efetuar um disparo em uma entrada, é condição *sine qua non* a identificação positiva do alvo, torna-se praticamente impossível de se obter o êxito neste tipo de empreitada através do uso da referida granada.

2 – Treine acionar sua lanterna somente quando esta já estiver direcionada para o alvo. É comum, durante os treinamentos, o policial acionar sua lanterna enquanto sua arma (longa ou curta) ainda está na posição 3, pronto baixo ou posição de caçador. Com isso o policial acaba "varrendo" o solo com o feixe de luz, alertando o infrator e fornecendo a ele um excelente indicativo de alvo (policial).

3 – Em um ambiente pequeno, aonde adentram vários policiais, o uso da técnica intermitente pode não ser adequado, pois proporciona luz suficiente, durante todo o tempo, permitindo que sejam visualizados. Neste caso, dê preferência para luz em feixe contínuo, "inundando" o cômodo com a luminosidade das lanternas.

4 – Assim que a situação restar favorável, lembre-se de que, salvo algumas exceções, existe um interruptor de luz no cômodo e você somente precisa acioná-lo para iluminar todo o ambiente. É comum policiais permanecerem na penumbra após uma ação por simplesmente se esquecerem de que existe iluminação artificial no local. Contudo, lembre-se que interruptores são excelentes acionadores de bombas e explosivos. Tome cuidado também com odores de gases, como o de cozinha (Butano), nestas situações evite acionar qualquer tipo de lanterna ou interruptor, de qualquer maneira. Dê preferência, nestes casos, para as lanternas de LED.

5 – Quando precisar iluminar um cômodo, direcione o foco de sua lanterna contra o teto do ambiente. Geralmente esta ação é suficiente para proporcionar uma iluminação difusa satisfatória em todo o recinto (caso o teto não seja de grandes dimensões, sendo melhor se for pintado com tom claro).

6 – Instale um sistema de iluminação tática no escudo balístico.

7 – Inverta os pólos das baterias da sua lanterna tática quando for passar longos períodos sem utilizá-la e sempre faça um teste de baterias antes do início da missão.

8 – Sempre tenha consigo baterias extras.

9 – Treine trocar as baterias de sua lanterna em condições de baixa luminosidade.

10 – Só atire em um alvo confirmado e lembre-se de que, no escuro, é fácil você confundir um objeto qualquer com uma arma de fogo.

11 – Prepare-se para o dia em que terá que colocar em prática todas as suas habilidades em uma situação de baixa visibilidade e ... Conte com isso como certo

Referências Bibliográficas

1 – BAYLEY, DAVID H. *Padrões de policiamento: Uma Análise Comparativa Internacional.* Tradução de Renê Alexandre Belmonte. São Paulo. Edusp. Editora da Universidade de São Paulo. 2006.

2 – BELLON, KARINE RAMOS DA ROSA. *Confrontos Noturnos.* São José dos Pinhais, Paraná. 2003. Polícia Militar do Estado do Paraná. Academia Policial Militar do Guatupê.

3 – BLUM, LAWRENCE. *Force under pressure: how cops live and why they die.* p. 19. Lantern Books. New York. 2000. 192p.

4 – HART, BASIL H. LIDDEL. *As Grandes Guerras da História.* Ibrasa. Rio de Janeiro. 1963. 468 p.

5 – AYOOB, MASSAD F. *The Semiautomatic Pistol in Police Service and Self-Defense.* Paperback. New Hampshire. 143p. 1985.

6 – AYOOB, MASSAD F. *The Gun Digest Book of Combat Handgunnery.* Sexta Edição. Gun Digest Books. New Hampshire. 2007.

7 – MAXWELL, JOHN C. *Talento Não é Tudo.* Thomas Nelson Inc. São Paulo. 2009. 312p

8 – DENÉCÉ, ÉRIC. *A História Secreta das Forças Especiais, de 1939 a Nossos Dias.* Tradução Carolina Massuia de Paula. Larousse. São Paulo. 2009.

9 – LARSEN, CHRISTOPHER E. *Light Infantry Tactics For Small Teams.* AuthorHouse. 2005. 243p. Bloomington, Indiana.

10 – COOPER, JEFF. *"Previously Gunsite Gossip".* Jeff Cooper's Commentaries. Volume 1. Número. Junho de 1993.

11 – Associação Brasileira de Normas Técnicas – ABNT. *Dicionário Brasileiro de Eletricidade: Conforme Normas Técnicas Brasil.* Editora Cobri. São Paulo. 437p. 1986.

12 – GOOD, J., KEN. *Strategies of Low-Light Engagements – a law enforcement officer's guide.* Strategos International. New York. 2009.

13 – MORIN, EDGAR. *Os sete saberes necessários à educação do futuro.* Cortez Editora. Brasília. 2000.

14 – GROSSMAN, *Dave. Matar! Um estudo sobre o ato de matar.* Biblioteca do Exército Editora. Rio de Janeiro. 2007.

15 – FRANCO, PAULO R. P.; CRUZ, VALDIR S. DA; LEAL, JOSUÉ L.; FERREIRA, RUBENS, A. *Técnicas Policiais: uma questão de segurança.* Editora Santa Rita. Porto Alegre, 2008.

16 – FREITAS, R. *O processo de formação e transformação dos complexos emocionais*. Monografia apresentada ao Curso de Especialização em Psicologia Junguiana – Unidade de Ensino Superior Ingá S/C Ltda, como requisito à obtenção do título de Especialista. 2009.

17 – JUNG, C. G. *A natureza da psique*. 5. ed., vol. VIII/2, Petrópolis: Vozes, 2000.

18 – MURRAY, KENETH R. *Training at the Speed of Life. Volume one – The Definitive Textbook for Military and Law Enforcement Reality Based Training*. p. 109. Armiger Publications, Inc. Gotha, FL. 350p.

19 – NEUMANN, E. *A História da Origem da Consciência*. 3. ed., São Paulo: Cultrix, 2003.

Sugestão de Sites Para Consulta

www.surefire.com

www.surefireinstitute.com

www.gunsite.com

www.michaelharries.com

www.ayoob.com

www.chapmanacademy.com

www.charlieoscartango.com.br

www.botach.com

www.fenixlight.com

www.tacticalflashlights.com

www.candlepowerforuns.com

www.streamlight.com

www.fbi.gov

www.osram.com.br

www.tactical-life.com

www.first-light-usa.com

www.botach.com

Impresso em 2021